À l'école du langage

PS ET MS

Gaëtan DUPREY
Inspecteur de l'Éducation nationale

Sophie DUPREY
Conseillère pédagogique maternelle

Catherine SAUTENET
Inspectrice de l'Éducation nationale

et
Caro
Illustratrice

ACCÈS Éditions

Cet ouvrage suit l'orthographe recommandée par les rectifications de 1990 et les programmes scolaires (voir le site : www.orthographe-recommandee.info et son miniguide d'information).

NOUVEAU

Activez votre code unique en vous connectant à votre espace client sur **acces-editions.com**

VOTRE ACCÈS NUMÉRIQUE

CV9d416a41274bda25

Une fois activé, ce code vous permettra de **télécharger les compléments numériques** et d'avoir accès aux dernières **mises à jour** qui concernent votre ouvrage.

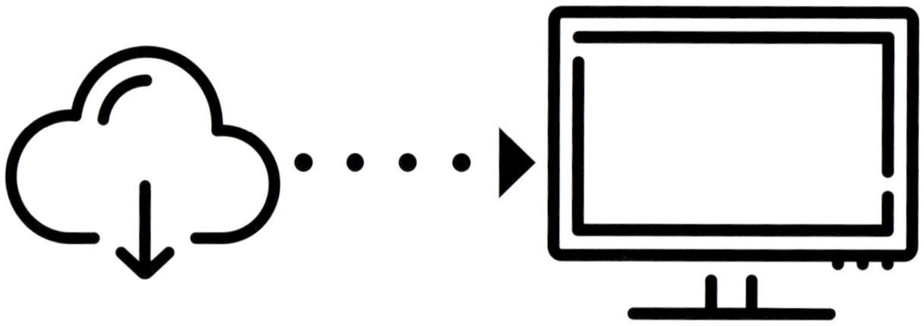

Attention, la première personne à saisir ce code deviendra l'utilisateur principal de l'ouvrage. Son compte client y sera rattaché.

Cet utilisateur principal ne pourra donner accès au contenu en ligne qu'à un nombre limité de personnes.

Vous aimez nos ouvrages ? Faites-le-nous savoir en rédigeant un commentaire sur notre site et suivez-nous sur facebook.com/ACCES.editions et instagram.com/acceseditions

À bientôt sur acces-editions.com

03 88 79 97 67 ACCÈS Éditions **acces-editions.com**

Avant-propos

La loi de refondation de l'École de la République attribue deux missions essentielles à l'école maternelle.
L'école maternelle prépare progressivement les enfants aux apprentissages qui seront dispensés à l'école élémentaire, en respectant le rythme de chacun.
La première école joue un rôle clé dans la réduction des inégalités et la réussite de tous les enfants qu'elle accueille. Elle place au premier chef de ses priorités l'apprentissage du langage oral, outil essentiel dans la prévention des difficultés.

En écrivant, je règle la lumière, le son, je dirige les acteurs. Comme sur une scène idéale où la grande aventure est le langage.

Célia Houdart. Le Monde des livres. Cahier du Monde daté du 23 janvier 2015.

L'enfant qui entre à l'école utilise des moyens verbaux mais également non verbaux pour communiquer. Il les a utilisés, exercés dans sa famille ou dans son environnement proche. L'école doit le conduire à passer d'un langage de connivence à des verbalisations compréhensibles qui permettent une véritable communication inscrite dans les règles de fonctionnement d'un groupe. Le langage permet à l'enfant de se construire en tant que sujet, d'exprimer des intentions, des émotions, de se projeter, de se mettre en réflexion.

Durant toute la scolarité en maternelle, il est important que chaque élève ait quotidiennement un temps de langage privilégié avec l'enseignant. Qu'il s'agisse d'échanges ponctuels enseignant-élève ou de moments de communication en petits groupes, leur fréquence est décisive.
L'un des enjeux de l'activité langagière est la mise à distance progressive de l'expérience pour la représenter, dans la construction conjointe du langage et de la pensée. Il s'agit de différer l'action des élèves, de les amener à mobiliser le langage pour penser, réfléchir, formuler un projet, imaginer une stratégie pour faire, expliquer une manière de procéder.

L'enseignant aide les élèves à passer de simples commentaires du matériel ou de l'objet présent sous leurs yeux, à des échanges qui s'intéressent à ce qui ne se voit pas, à ce qui n'est pas directement accessible mais qui pique leur curiosité, les questionne et qu'ils commencent à évoquer. Les récits d'expériences passées et les projets de la classe sont des évocations. Tous les élèves ne possèdent pas d'emblée cet usage distancié du langage. L'école maternelle doit créer les conditions de cette acquisition au premier rang desquelles est le parler professionnel des enseignants.

Notre ambition est de vous aider concrètement à mettre en place dans votre classe des séquences d'apprentissage qui développent le langage dans toutes ses dimensions et sous toutes ses formes (apprendre, comprendre, communiquer, réfléchir).
Les situations langagières présentes dans À L'ÉCOLE DU LANGAGE sont ancrées dans le vécu de la classe avec une place importante accordée aux interactions. Les scènes de langage proposées sont destinées à capter l'attention, éveiller la curiosité, entretenir l'intérêt des élèves et leur désir de s'exprimer. Ce sont des situations de communication construites à partir d'expériences partagées et qui sont sources d'invention. Elles ont été expérimentées en classe et soumises à une analyse critique à la lumière des apprentissages réalisés par les élèves.

Gaëtan Duprey, Sophie Duprey
et Catherine Sautenet
SEPTEMBRE 2019

Sommaire

Comment utiliser cet ouvrage ?

Les deux pages de présentation de la séquence

À L'ÉCOLE DU LANGAGE propose onze séquences d'apprentissage. Chaque séquence organise la suite des séances selon une progression qui articule les différentes dimensions du langage oral et écrit.

Le titre de la séquence

JOUONS AU COIN CUISINE

La thématique de la situation de langage

Scènes du quotidien

La motivation
Elle précise les centres d'intérêt qui mobilisent les élèves de PS-MS.

Situation motivante
Au coin cuisine, les élèves aiment reproduire des scènes de la vie quotidienne et retrouver des objets familiers. Ils jouent des rôles familiaux connus (père, mère) puis font agir d'autres personnages (bébé, petit frère, petite sœur, grand-père, grand-mère) si des poupées ou des poupons sont mis à disposition.

Les objectifs de la séquence
Chaque séquence permet de mobiliser des compétences et des objectifs très ciblés.

Objectifs langagiers
Les jeux au coin cuisine permettent à l'enseignant d'avoir des moments privilégiés pour observer ses élèves. Cette observation doit aider à la définition des objectifs langagiers visés et à l'anticipation des éléments de différenciation nécessaires au cours des séances qui suivront.
Dans ces situations de jeu au coin cuisine, l'élève parle parfois seul, il dialogue avec lui-même. Certains qui échangent peu avec les autres ou avec l'adulte se révèlent parleurs lorsqu'ils jouent seuls. Cet auto-langage contribue à la construction de la pensée. L'enseignant va aussi rejoindre ses élèves dans leurs jeux, relancer leurs dialogues, faire évoluer leurs scénarios. Si nécessaire, il apporte les outils linguistiques utiles pour penser les jeux : rôles possibles, noms des ustensiles, verbes d'actions.

La place dans la programmation annuelle

Place dans la programmation
L'objectif de cette séquence est
en place les premiers jeux sym
De nouveaux scénarios seront
mettre le couvert, faire la vaiss

32

La séquence d'apprentissage

Les objectifs du programme 2015
Les croix indiquent ceux travaillés dans la séquence.

Mobiliser le langage dans toutes ses dimensions

	L'ORAL		L'ÉCRIT
✗	Oser entrer en communication	✗	Écouter de l'écrit et comprendre
✗	Comprendre et apprendre		Découvrir la fonction de l'écrit
✗	Échanger et réfléchir avec les autres	✗	Commencer à produire des écrits et en découvrir le fonctionnement
	Commencer à réfléchir sur la langue et acquérir une conscience phonologique		Découvrir le principe alphabétique
			Commencer à écrire tout seul

La séance et sa place dans la progression

Le titre de cette séance

SÉANCE 1
Langage oral

ÉCHANGER, S'EXPRIMER EN SITUATION DE JEU
▸ **Oser entrer en communication**
Utiliser le langage dans des jeux à plusieurs au coin cuisine.

L'objectif du programme visé dans cette séance

SÉANCE 2
Langage oral

PARLER ENSEMBLE POUR RÉSOUDRE UN PROBLÈME DE RANGEMENT
▸ **Échanger et réfléchir avec les autres**
Participer verbalement à un projet : ranger le coin cuisine.
Proposer des solutions pour résoudre un problème : *comment ranger le coin cuisine ?*

L'objectif spécifique de cette séance

SÉANCE 3
Langage oral

EXPLIQUER À LA MARIONNETTE COMMENT RANGER LE COIN CUISINE
▸ **Échanger et réfléchir avec les autres**
Expliquer ce que l'on doit faire pour ranger le coin cusine.
Formuler des règles et des consignes de rangement.

SÉANCE 4
Langage oral
Langage écrit

S'APPROPRIER UN NOUVEAU SCÉNARIO POUR JOUER AU COIN CUISINE
▸ **Comprendre et apprendre**
Être attentif lors de l'écoute d'une histoire longue et la comprendre.
▸ **Écouter de l'écrit et comprendre**
Feuilleter un album connu pour raconter ou se raconter l'histoire.

La situation de dictée à l'adulte

En MS, production de textes écrits avec dictée à l'adulte

▸ **Commencer à produire des écrits et en découvrir le fonctionnement**
Savoir que l'on n'écrit pas comme on parle.
À la fin de la séquence, par petits groupes ou en demi-classes, les élèves dictent à l'adulte un écrit destiné aux parents pour leur présenter ce qu'ils font à l'école à travers l'aménagement du coin cuisine : jeux au coin cuisine, rangements du coin cuisine, lectures d'histoires sur ce thème. Ils dictent à l'adulte des phrases pour légender les photos qui seront présentées dans le cahier de vie. Chaque groupe est chargé de la rédaction de la légende d'une photo. Ces textes sont mis en commun lors d'un regroupement puis valorisés dans le cahier de vie.

Réactivation - Transferts

Selon les besoins, suggérer de nouveaux scénarios de jeu : préparer un repas, un goûter ou un biberon, mettre la table, faire la vaisselle, préparer un gâteau, des crêpes ou de la soupe.

La séquence d'apprentissage Jouons au coin cuisine 33

Les pages de séance

Différentes rubriques structurent les séances.

La dimension du langage mobilisée
Pour chaque séance, la composante du langage qui est mobilisée est précisée : langage oral ou langage écrit.

Le titre de la séance
Le titre donne des indications sur la place de la séance dans la démarche proposée.

Les fonctions langagières mobilisées
Les fonctions du langage qui sont mobilisées et le but des échanges pour l'élève sont précisés.

Les objectifs langagiers
Chaque séance comporte un objectif langagier oral ou écrit spécifique.

L'organisation matérielle
Le lieu, le temps, le matériel et les supports sont indiqués.

La scène de langage
La situation de communication est décrite : organisation de ce moment de langage, enjeu et conditions de l'échange, lien avec la vie et les centres d'intérêt de la classe.

Le lexique et la syntaxe mobilisés
Une grande attention est portée en matière de précision lexicale et syntaxique.

L'objectif du programme visé dans cette séance

Le rôle de l'enseignant
Il précise la démarche suivie du point de vue de l'enseignant au cours des différentes phases de la séance.

Le scénario
À partir d'un déclencheur, il propose un jeu de faire semblant qui nécessite le langage.

La tâche des élèves
Elle présente le déroulement de la séance en détaillant ce que dit et fait l'élève.

La différenciation
Elle permet de répondre aux besoins de chaque élève de la classe.

La photographie
Elle permet de visualiser les scènes de langage.

Les critères de réussite
Ils recensent des observables et quelques points sensibles sur le parcours d'apprentissage.

Comment utiliser les compléments numériques ?

Grâce au code d'accès présent en page 2 de **À L'ÉCOLE DU LANGAGE,** vous pouvez télécharger les compléments numériques c'est-à-dire les diaporamas et les pdf nécessaires à vos séances.

Vous pouvez accéder au contenu de trois façons :

- par séquence en cliquant sur le titre,
- par type (diaporama ou matériel à imprimer),
- par page du livre.

L'existence d'un complément numérique est signalé par le pictogramme dans le guide papier.

Recherche par séquence

Recherche par type - Diaporamas

Diaporama - Couverture de l'album

Diaporama - Pages de l'album

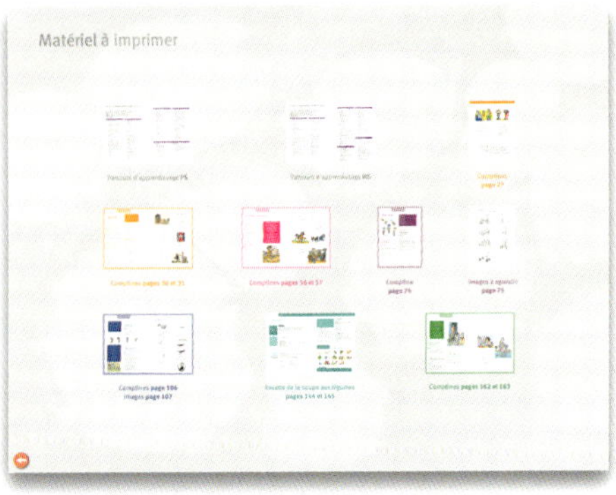

Recherche par type - Matériels à imprimer

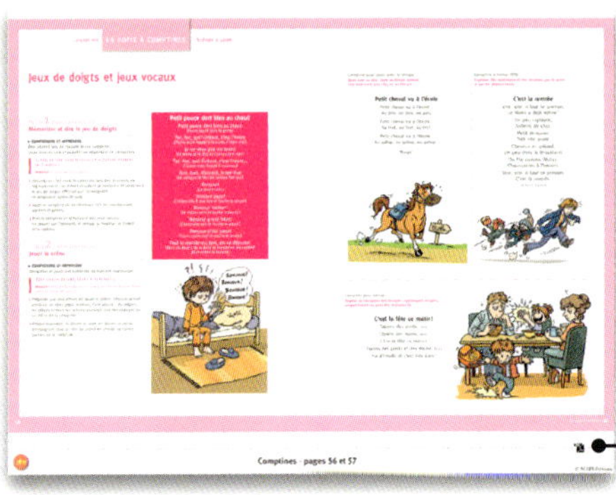

Matériel à imprimer - Visualisation du PDF

PDF Possibilité d'imprimer les PDF

Les diaporamas

À L'ÉCOLE DU LANGAGE propose vingt-sept diaporamas qui reprennent les images des albums, des histoires, des contes ou des saynètes sélectionnés **sans les textes.**

Les diaporamas constituent l'un des aspects novateurs de **À L'ÉCOLE DU LANGAGE**. Les situations menées avec les diaporamas conduisent les élèves à développer fortement leurs compétences de compréhension des histoires racontées par l'enseignant. Autant de fois que nécessaire, les élèves peuvent revoir les images, raconter, réinterpréter, échanger en situation duelle à propos des histoires. Pour apprendre à comprendre et à parler, ils ont besoin de multiplier les situations de réception et de communication.»

Les diaporamas sont à télécharger (voir page 2). Ils permettent aux enseignants de développer les usages du numérique à différents moments de la séquence d'apprentissage et de la journée. Ces diaporamas peuvent être projetés à l'aide d'un vidéoprojecteur ou présentés sur un TNI. Ce sont des supports efficaces pour consolider les apprentissages réalisés dans le cadre du collectif mais aussi en petit groupe de langage ou en individuel en utilisant une tablette ou un ordinateur portable.

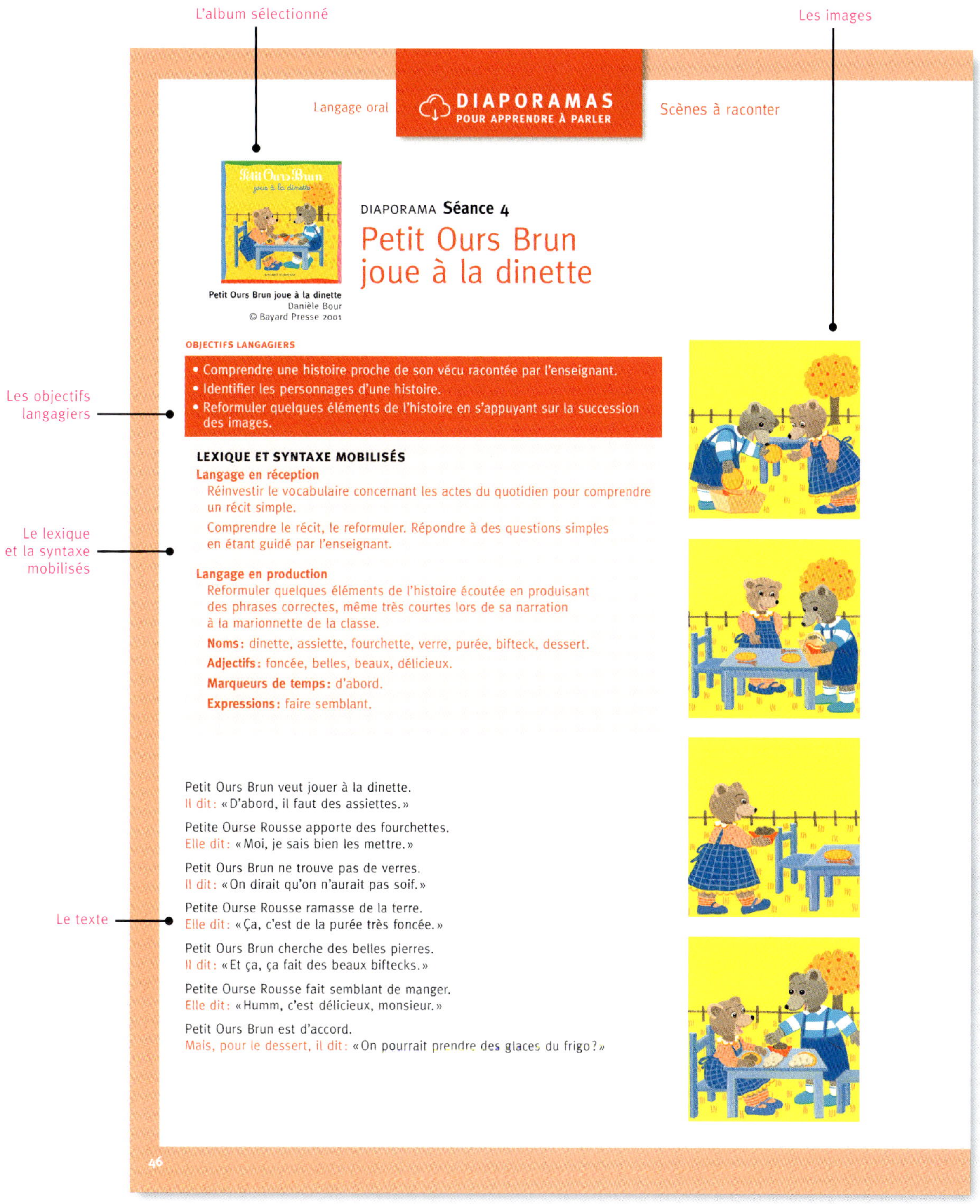

Langage oral — DIAPORAMAS POUR APPRENDRE À PARLER — Scènes à raconter

Petit Ours Brun joue à la dinette
Danièle Bour
© Bayard Presse 2001

DIAPORAMA **Séance 4**

Petit Ours Brun joue à la dinette

OBJECTIFS LANGAGIERS

- Comprendre une histoire proche de son vécu racontée par l'enseignant.
- Identifier les personnages d'une histoire.
- Reformuler quelques éléments de l'histoire en s'appuyant sur la succession des images.

LEXIQUE ET SYNTAXE MOBILISÉS

Langage en réception

Réinvestir le vocabulaire concernant les actes du quotidien pour comprendre un récit simple.

Comprendre le récit, le reformuler. Répondre à des questions simples en étant guidé par l'enseignant.

Langage en production

Reformuler quelques éléments de l'histoire écoutée en produisant des phrases correctes, même très courtes lors de sa narration à la marionnette de la classe.

Noms: dinette, assiette, fourchette, verre, purée, bifteck, dessert.

Adjectifs: foncée, belles, beaux, délicieux.

Marqueurs de temps: d'abord.

Expressions: faire semblant.

Petit Ours Brun veut jouer à la dinette.
Il dit: «D'abord, il faut des assiettes.»

Petite Ourse Rousse apporte des fourchettes.
Elle dit: «Moi, je sais bien les mettre.»

Petit Ours Brun ne trouve pas de verres.
Il dit: «On dirait qu'on n'aurait pas soif.»

Petite Ourse Rousse ramasse de la terre.
Elle dit: «Ça, c'est de la purée très foncée.»

Petit Ours Brun cherche des belles pierres.
Il dit: «Et ça, ça fait des beaux biftecks.»

Petite Ourse Rousse fait semblant de manger.
Elle dit: «Humm, c'est délicieux, monsieur.»

Petit Ours Brun est d'accord.
Mais, pour le dessert, il dit: «On pourrait prendre des glaces du frigo?»

46

Le programme 2015 de l'école maternelle

Extrait du bulletin officiel spécial n°2 du 26 mars 2015

1. MOBILISER LE LANGAGE DANS TOUTES SES DIMENSIONS

Le mot *langage* désigne un ensemble d'activités mises en œuvre par un individu lorsqu'il parle, écoute, réfléchit, essaie de comprendre et, progressivement, lit et écrit. L'école maternelle permet à tous les enfants de mettre en œuvre ces activités en mobilisant simultanément les deux composantes du langage :

- le langage oral : utilisé dans les interactions, en production et en réception, il permet aux enfants de communiquer, de comprendre, d'apprendre et de réfléchir. C'est le moyen de découvrir les caractéristiques de la langue française et d'écouter d'autres langues parlées.
- le langage écrit : présenté aux enfants progressivement jusqu'à ce qu'ils commencent à l'utiliser, il les habitue à une forme de communication dont ils découvriront les spécificités et le rôle pour garder trace, réfléchir, anticiper, s'adresser à un destinataire absent. Il prépare les enfants à l'apprentissage de l'écrire-lire au cycle 2.

1.1 L'ORAL

L'enfant, quelle que soit sa langue maternelle, dès sa toute petite enfance et au cours d'un long processus, acquiert spontanément le langage grâce à ses interactions avec les adultes de son entourage. L'enseignant, attentif, accompagne chaque enfant dans ses premiers essais, reprenant ses productions orales pour lui apporter des mots ou des structures de phrase plus adaptés qui l'aident à progresser. L'enseignant s'adresse aux enfants les plus jeunes avec un débit ralenti de parole ; il produit des énoncés brefs, syntaxiquement corrects et soigneusement articulés. Constamment attentif à son propre langage et veillant à s'adapter à la diversité des performances langagières des enfants, il s'exprime progressivement de manière plus complexe. Il permet à chacun d'aller progressivement au-delà de la simple prise de parole spontanée et non maitrisée pour s'inscrire dans des conversations de plus en plus organisées et pour prendre la parole dans un grand groupe. Il sait mobiliser l'attention de tous dans des activités qui les amènent à comprendre des propos et des textes de plus en plus longs. Il met sur le chemin d'une conscience des langues, des mots du français et de ses unités sonores.

Objectifs visés et éléments de progressivité

Oser entrer en communication

L'objectif est de permettre à chacun de pouvoir dire, exprimer un avis ou un besoin, questionner, annoncer une nouvelle. L'enfant apprend ainsi à entrer en communication avec autrui et à faire des efforts pour que les autres comprennent ce qu'il veut dire. Chacun arrive à l'école maternelle avec des acquis langagiers encore très hésitants. Entre deux et quatre ans, les enfants s'expriment beaucoup par des moyens non-verbaux et apprennent à parler. Ils reprennent des formulations ou des fragments des propos qui leur sont adressés et travaillent ainsi ce matériau qu'est la langue qu'ils entendent. Après trois-quatre ans, ils poursuivent ces essais et progressent sur le plan syntaxique et lexical. Ils produisent des énoncés plus complets, organisés entre eux avec cohérence, articulés à des prises de parole plus longues, et de plus en plus adaptés aux situations. Autour de quatre ans, les enfants découvrent que les personnes, dont eux-mêmes, pensent et ressentent, et chacun différemment de l'autre. Ils commencent donc à agir volontairement sur autrui par le langage et à se représenter l'effet qu'une parole peut provoquer : ils peuvent alors comprendre qu'il faut expliquer et réexpliquer pour qu'un interlocuteur comprenne, et l'école doit les guider dans cette découverte. Ils commencent à poser de vraies questions, à saisir les plaisanteries et à en faire. Leurs progrès s'accompagnent d'un accroissement du vocabulaire et d'une organisation de plus en plus complexe des phrases. En fin d'école maternelle, l'enseignant peut donc avoir avec les enfants des conversations proches de celles qu'il a avec les adultes. Tout au long de l'école maternelle, l'enseignant crée les conditions bienveillantes et sécurisantes pour que tous les enfants (même ceux qui ne s'expriment pas ou peu) prennent la parole, participent à des situations langagières plus complexes que celles de la vie ordinaire ; il accueille les erreurs « positives » qui traduisent une réorganisation mentale du langage en les valorisant et en proposant une reformulation. Ainsi il contribue à construire l'équité entre enfants en réduisant les écarts langagiers.

Comprendre et apprendre

Les discours que tient l'enseignant sont des moyens de comprendre et d'apprendre pour les enfants. En compréhension, ceux-ci « prennent » ce qui est à leur portée dans ce qu'ils entendent, d'abord dans des scènes renvoyant à des expériences personnelles précises, souvent chargées d'affectivité. Ils sont incités à s'intéresser progressivement à ce qu'ils ignoraient, grâce à l'apport de nouvelles notions, de nouveaux objets culturels, et même de nouvelles manières d'apprendre.
Les moments de réception où les enfants travaillent mentalement sans parler sont des activités langagières à part entière que l'enseignant doit rechercher et encourager, parce qu'elles permettent de construire des outils cognitifs : reconnaitre, rapprocher, catégoriser, contraster, se construire des images mentales à partir d'histoires fictives, relier des événements entendus et/ou vus dans des narrations ou des explications, dans des moments d'apprentissages structurés, traiter des mots renvoyant à l'espace, au temps, etc. Ces activités invisibles aux yeux de tout observateur sont cruciales.

Échanger et réfléchir avec les autres

Les moments de langage à plusieurs sont nombreux à l'école maternelle : résolution de problèmes, prises de décisions collectives, compréhension d'histoires entendues, etc. Il y a alors argumentation, explication, questions, intérêt pour ce que les autres croient, pensent et savent. L'enseignant commente alors l'activité qui se déroule pour en faire ressortir l'importance et la finalité. L'école demande régulièrement aux élèves d'évoquer, c'est-à-dire de parler de ce qui n'est pas présent (récits d'expériences passées, projets de classe...). Ces situations d'évocation entrainent les élèves à mobiliser le langage pour se faire comprendre sans autre appui, elles leur offrent un moyen de s'entrainer à s'exprimer de manière de plus en plus explicite. Cette habilité langagière relève d'un développement continu qui commence tôt et qui ne sera constitué que vers huit ans. Le rôle de l'enseignant est d'induire du recul et de la réflexion sur les propos tenus par les uns et les autres.

Commencer à réfléchir sur la langue et acquérir une conscience phonologique

Dès leur plus jeune âge, les enfants sont intéressés par la langue ou les langues qu'ils entendent. Ils font spontanément et sans en avoir conscience des tentatives pour en reproduire les sons, les formes et les structures afin d'entrer en communication avec leur entourage. C'est à partir de trois-quatre ans qu'ils peuvent prendre du recul et avoir conscience des efforts à faire pour maitriser une langue et accomplir ces efforts intentionnellement. On peut alors centrer leur attention sur le vocabulaire, sur la syntaxe et sur les unités sonores de la langue française dont la reconnaissance sera indispensable pour apprendre à maitriser le fonctionnement de l'écriture du français. [...]

1.2 L'ÉCRIT

Objectifs visés et éléments de progressivité

Il appartient à l'école maternelle de donner à tous une culture commune de l'écrit. Les enfants y sont amenés à comprendre de mieux en mieux des écrits à leur portée, à découvrir la nature et la fonction langagière de ces tracés réalisés par quelqu'un pour quelqu'un, à commencer à participer à la production de textes écrits dont ils explorent les particularités. En fin de cycle, les enfants peuvent montrer tous ces acquis dans leurs premières écritures autonomes. Ce seront des tracés tâtonnants sur lesquels s'appuieront les enseignants de cycle 2.

Écouter de l'écrit et comprendre

En préparant les enfants aux premières utilisations maitrisées de l'écrit en cycle 2, l'école maternelle occupe une place privilégiée pour leur offrir une fréquentation de la langue de l'écrit, très différente de l'oral de communication. L'enjeu est de les habituer à la réception de langage écrit afin d'en comprendre le contenu. L'enseignant prend en charge la lecture, oriente et anime les échanges qui suivent l'écoute. La progressivité réside essentiellement dans le choix de textes de plus en plus longs et éloignés de l'oral; si la littérature de jeunesse y a une grande place, les textes documentaires ne sont pas négligés.

Découvrir la fonction de l'écrit

L'objectif est de permettre aux enfants de comprendre que les signes écrits qu'ils perçoivent valent du langage: en réception, l'écrit donne accès à la parole de quelqu'un et, en production, il permet de s'adresser à quelqu'un qui est absent ou de garder pour soi une trace de ce qui ne saurait être oublié. L'écrit transmet, donne ou rappelle des informations et fait imaginer: il a des incidences cognitives sur celui qui le lit. À l'école maternelle, les enfants le découvrent en utilisant divers supports (livres variés, affiches, lettres, messages électroniques ou téléphoniques, étiquettes, etc.) en relation avec des situations ou des projets qui les rendent nécessaires; ils en font une expérience plus précise encore quand ils sont spectateurs d'une écriture adressée et quand ils constatent eux-mêmes les effets que produisent les écrits sur ceux qui les reçoivent.

Commencer à produire des écrits et en découvrir le fonctionnement

C'est l'enseignant qui juge du moment où les enfants sont prêts à prendre en charge eux-mêmes une partie des activités que les adultes mènent avec l'écrit. Et comme il n'y a pas de pré-lecture à l'école maternelle, cette prise en charge partielle se fait en production et largement avec l'aide d'un adulte. Toute production d'écrit nécessite différentes étapes et donc de la durée avant d'aboutir; la phase d'élaboration orale préalable du message est fondamentale, notamment parce qu'elle permet la prise de conscience des transformations nécessaires d'un propos oral en phrases à écrire. La technique de dictée à l'adulte concerne l'une de ces étapes qui est la rédaction proprement dite. Ces expériences précoces de productions génèrent une prise de conscience du pouvoir que donne la maitrise de l'écrit.

Découvrir le principe alphabétique [...]

Commencer à écrire tout seul [...]

Ce qui est attendu des enfants en fin d'école maternelle

- Communiquer avec les adultes et avec les autres enfants par le langage, en se faisant comprendre.
- S'exprimer dans un langage syntaxiquement correct et précis. Reformuler pour se faire mieux comprendre.
- Pratiquer divers usages du langage oral: raconter, expliquer, questionner, proposer des solutions, discuter un point de vue.
- Dire de mémoire et de manière expressive plusieurs comptines et poésies.
- Comprendre des textes écrits sans autre aide que le langage entendu.
- Manifester de la curiosité par rapport à l'écrit. Pouvoir redire les mots d'une phrase écrite après sa lecture par l'adulte, les mots du titre connu d'un livre ou d'un texte.
- Participer verbalement à la production d'un écrit. Savoir qu'on n'écrit pas comme on parle.

[...]

Les conditions et les moyens de la réussite

Les principes qui ont servi de base à la conception des séquences présentées dans À L'ÉCOLE DU LANGAGE s'inscrivent dans les objectifs visés et les indications pédagogiques énoncés dans le programme 2015 de l'école maternelle.

S'adapter aux besoins des jeunes enfants

À l'école maternelle, et particulièrement durant la première année de scolarisation, l'équipe éducative crée les conditions du bien-être des enfants pour qu'ils se sentent en confiance. L'enseignant met du sens dans ce qu'ils disent, même s'il ne les comprend pas. Il participe à leurs jeux, s'intéresse à leurs constructions, valorise leurs progrès auprès des parents en leur présence.

Créer pour chaque enfant de nombreux échanges verbaux

L'essentiel des acquisitions passe par la participation de chaque enfant à de nombreux échanges langagiers ayant du sens pour lui. C'est la condition de son investissement. Qu'il s'agisse d'échanges ponctuels enseignant-élève ou de moments en petits groupes homogènes, la fréquence est décisive. Pour donner confiance à tous, l'enseignant est d'abord plus attentif à la participation qu'au contenu langagier.

Aménager une grande diversité de situations de langage et de thèmes abordés

C'est en vivant des entrées diversifiées dans le langage que l'enfant aura la possibilité de se construire une variété de stratégies de communication et d'expression. La prise en compte des intérêts des élèves facilite les échanges langagiers : plus les référents choisis par l'enseignant font écho à un quotidien, à un vécu de ses élèves, plus leur participation sera forte.

Être attentif aux usages variés du langage des enfants

Les situations proposées amènent les enfants à utiliser une variété de tâches linguistiques initiées dans un milieu stimulant. De manière naturelle dans le cadre des situations proposées, le jeune enfant fait très tôt l'expérience des diverses fonctions du langage. Il importe que l'adulte conforte, par ses réponses, le recours aux mots pour satisfaire les besoins de communication qui s'expriment alors.

Créer les conditions de la réflexion et de l'évocation

L'un des enjeux de l'activité langagière est la mise à distance progressive de l'expérience pour l'évoquer, dans la construction conjointe du langage et de la pensée. L'enseignant aide ses élèves à passer de simples commentaires à des échanges portant sur ce qui ne se voit pas et qu'ils commencent à évoquer grâce à des questions ouvertes.

Pour les élèves qui en ont besoin, l'enseignant prend en charge l'évocation des événements vécus en classe en faisant entendre le langage qu'il veut que ses élèves apprennent à produire seuls.

Développer les jeux de faire semblant

Dans les jeux de faire semblant, les élèves miment d'abord une personne qu'ils connaissent et agissent comme elle (jeux symboliques du type coucher une poupée). Ensuite, ils font agir et parler des personnages (jeux avec figurines). Enfin, ils s'attribuent et attribuent aux autres des statuts de personnages (jeux de rôle). Ces jeux à plusieurs nécessitent le langage, parfois avec des énoncés tâtonnants mais extrêmement complexes. L'évocation orale de faits qui se déroulent dans un monde de fiction induit de nouvelles manières de se comporter et de parler. C'est pourquoi l'enseignant peut rejoindre ces jeux et y intervenir, relancer les dialogues, faire évoluer les problèmes rencontrés par les personnages dans le cadre de groupes hétérogènes.

Travailler la compréhension des histoires racontées et lues par l'enseignant

Un travail systématique de la compréhension est mené à partir des histoires proches des expériences des enfants, des contes et histoires du patrimoine et des histoires complexes. Les diaporamas et les films d'animation pour enfants sont aussi des supports d'histoires entendues qui, répétées et reformulées, favorisent l'appropriation de fictions longues et complexes.

Commencer à réfléchir sur la langue

Dans le cadre d'échanges verbaux contextualisés, l'enseignant reformule les essais lexicaux ou syntaxiques réalisés par un élève. L'enseignant paraphrase, compare, contraste quand il emploie un mot qu'il juge nouveau pour certains. Ces nouveaux mots seront d'autant mieux mémorisés qu'ils seront utilisés fréquemment et dans différentes situations. L'objectif est d'enrichir les énoncés dans leurs dimensions lexicales et syntaxiques en compréhension et en production.

Pratiquer la dictée à l'adulte à partir de la MS

La situation de dictée à l'adulte conduite régulièrement est un excellent levier pour le développement des compétences langagières des enfants. Elle doit permettre aux élèves de comprendre que le langage que l'on produit peut s'écrire, s'il obéit à certaines contraintes. Le souci permanent d'être compris par le destinataire de l'écrit engage progressivement les élèves à une transformation de leurs énoncés oraux pour se rapprocher de la langue écrite. Ils découvrent ainsi les différences de formulation entre registre du langage oral et registre du langage écrit. L'enseignant aide à franchir le passage du langage oral vers le langage écrit en interagissant avec celui qui dicte, en l'aidant à reformuler, en relisant. Pour ce faire, en MS et guère avant, on n'abordera pas d'emblée l'écriture des histoires inventées ou le compte rendu de la sortie. L'écriture de listes, de messages aux parents ou à un camarade malade, de légendes pour des dessins ou des photographies, met en situation de produire des écrits courts en procédant avec rigueur : que veut-on dire ? Comment va-t-on le dire pour que le lecteur comprenne ?

Les grandes étapes de l'acquisition du langage

L'acquisition du langage commence bien avant l'apparition des mots. Les recherches menées depuis une trentaine d'années sur les compétences du nourrisson ont montré que dès la naissance, voire dès les derniers mois de la grossesse, le bébé commence à percevoir les sons, la prosodie. Son écoute n'est pas passive : il repère et discrimine. À toute autre voix, il préfère celle de sa mère à laquelle il réagit de manière particulière. Il aime mieux sa langue maternelle, stricto sensu, qu'une autre langue. Le bébé est sensible à la mélodie de la langue, aux bruits des voix qu'il entend autour de lui. C'est alors par un accompagnement affectif intense ancré dans un processus interactif que le petit va progressivement développer son langage. Les expériences issues de la perception, les sensations, les interactions avec un environnement de communication sont nécessaires pour installer la fonction langagière.

Les jeunes enfants sont précocement attentifs et sensibles aux indices formels de la langue de leur environnement ; leurs énoncés évoluent vers le modèle de base de la phrase en langue française du type : groupe nominal-verbe-groupe nominal. À partir de l'âge de 3 ans environ, ils abandonnent progressivement les structures rudimentaires et s'approprient des constructions linguistiques de plus en plus conformes au langage de l'adulte. Cette évolution qualitative s'accompagne d'une évolution quantitative importante sur le plan du vocabulaire.

Le tableau proposé ci-contre reprend un certain nombre de repères. Il convient de ne pas les lire comme des normes car si les parcours comportent des étapes prévisibles parce que communes, ils manifestent des variations qui tiennent tout autant aux caractéristiques intrinsèques de chaque enfant qu'aux conditions dans lesquelles il grandit. Les progrès de l'enfant ne sont pas strictement linéaires.

Les élèves sont motivés par la manipulation d'objets techniques et leur utilisation dans le cadre d'un projet de fabrication. Dans cette situation, ils sont amenés à expliquer ce qu'ils font, ce qu'ils veulent faire ou ce qu'ils ont fait.

Les repères du développement du langage

ÂGE		PERCEPTION ET COMPRÉHENSION	PRODUCTION ET EXPRESSION
Avant un an	**0-3 mois**	Réaction à la voix Sensibilité au rythme et à la prosodie Discrimination et préférence pour la voix maternelle	Jasis puis gazouillis Jeux vocaux, vocalisations Sourires
	4-6 mois	Orientation vers la voix maternelle et début d'attention conjointe Sensibilité aux règles qui organisent les structures des syllabes Compréhension des différentes intonations d'approbation ou de désapprobation Réaction au nom et à son prénom Catégorisations des voyelles	Rires Sons vocaliques Vocalisations de mieux en mieux maitrisées Babillage monosyllabique répété (mamama)
	7-9 mois	Détection des frontières des syntagmes Compréhension des mots en contexte Regard tourné vers la personne qui parle	Babillage canonique Chantonne Imitation des sons produits par l'environnement proche
	10-12 mois	Compréhension des mots hors contexte Détection des frontières des mots	Apparition des premiers mots Productions qui se stabilisent en relation avec les situations
De un an à 18 mois		Compréhension de 100 à 150 mots Réponses à des consignes simples Compréhension de phrases courtes en situation	Production de 50 mots (substantifs surtout) Holophrases (mots phrases) Onomatopées (cris des animaux, bruits de chutes...) Juxtaposition de mots (papa dodo)
De 18 mois à 2 ans		Compréhension de plus de 200 mots Désignation des objets puis de leur représentation Compréhension en contexte des relations syntaxiques entre les mots	Combinaison de mots dans des phrases simples : apparition des catégories syntaxiques (pronoms sujets, déterminants, prépositions) Début de la conjugaison Utilisation de 2 mots pour exprimer désir, possession, localisation, qualité des objets Acquisition de son prénom
De 2 à 3 ans		Augmentation du capital mots en compréhension Compréhension d'un nombre important de locutions spatiales et temporelles Connaissance des couleurs et des parties du corps Compréhension des demandes directes et indirectes Écoute d'histoires courtes	Accroissement rapide du lexique (200 à 300 mots) Phrases de 3 à 4 mots avec verbes et adjectifs Questionnement abondant sur : « c'est quoi ça ? » Évolution des demandes en fonction de l'interlocuteur
De 3 à 4 ans		Compréhension des adjectifs de dimension de la terminologie relative au temps et à l'espace et de substantifs abstraits	Extension du vocabulaire Phrases de plus en plus longues et complexes Maniement adapté du JE Début de l'utilisation du vocabulaire des émotions et des sentiments Capacité à raconter
De 4 à 5 ans		Compréhension du comparatif, de l'identité et de la différence	Articulation maitrisée pour l'essentiel Début des récits d'abord centrés sur des activités propres Maniement adéquat des pronoms personnels, du genre et du nombre, de comparatifs (plus long, moins lourd...) Usage de la négation et du questionnement Utilisation ludique de la langue Début de la conscience phonologique : jouer avec les mots en les découpant en syllabes Environ 1500 mots et phrases complexes Prise en compte de son interlocuteur
De 5 à 6 ans		Sensibilité à l'humour, aux jeux de mots, à la dimension poétique de la langue Attitudes métalinguistiques : recherche de compréhension, questionnement sur la langue et son fonctionnement	Vocabulaire varié par l'extension des champs lexicaux et la variété des registres Récits structurés : expression de la succession des temps avec des moyens lexicaux et la conjugaison (sensibilité à la concordance des temps même si les formes sont erronées) Recherche d'explications et de définitions Phrases complexes avec relatives, complétives, circonstancielles Installation de la conscience phonologique

Un parcours d'apprentissage en Petite section

Le tableau présente un exemple de parcours d'apprentissage dans une classe de **PS** à partir des séquences proposées. Il exprime une progression et une programmation sur une année. Il est possible de construire plusieurs parcours d'apprentissage différents en fonction des besoins de vos élèves.
Les titres de séquence sont écrits en gras (ex. **Jouons au coin cuisine**).
Les séances sont indiquées par la lettre **S** (ex. **S1** est l'abréviation de Séance 1).
Les étapes sont signalées par la lettre **E** (ex. **E2** correspond à l'étape 2).
Les objectifs langagiers sont précisés et énoncés pour chaque séance (ex. Utiliser le langage dans des jeux à plusieurs au coin cuisine).

PÉRIODE 1 › Septembre - Octobre	
Page 25 **« Bonjour, je m'appelle Trotro »**	
S1	• Connaitre, formuler et mettre en œuvre les règles de salutations. • Prendre en considération la sollicitation de l'adulte.
S2	• Oser parler à l'école : entrer en communication avec un adulte de manière verbale ou non. • Vouloir utiliser l'écrit pour dire quelque chose à quelqu'un.
Page 37 **Jouons au coin cuisine**	
S1	• Utiliser le langage dans des jeux à plusieurs au coin cuisine.
S2	• Participer verbalement à un projet : ranger le coin cuisine. • Proposer des solutions pour résoudre un problème : comment ranger le coin cuisine ?
S3	• Expliquer ce que l'on doit faire pour ranger le coin cuisine. • Formuler des règles et des consignes de rangement.
S4	• Être attentif lors de l'écoute d'une histoire longue et la comprendre. • Feuilleter un album connu pour raconter ou se raconter l'histoire.
Page 34 **Toc, toc, toc...**	
E1	• Être attentif lors de l'écoute d'une comptine.
E2	• Oser parler à l'école.
Page 49 **Trotro va à l'école**	
S1	• Être attentif lors de l'écoute d'une histoire courte jouée par l'enseignant. • Participer verbalement à un projet, proposer des solutions pour résoudre un problème.
S2	• Utiliser le langage dans des jeux à plusieurs pour préparer la poupée qui va à l'école. • Dire ce que l'on fait ou ce que fait un camarade : commenter et décrire des actions simples.
S3	• Comprendre un texte lu par l'enseignant. • Reformuler quelques éléments de l'histoire écoutée.
S4	• Être attentif lors de l'écoute d'une histoire longue et la comprendre. • Feuilleter un album connu pour raconter ou se raconter l'histoire.
Page 60 **Jeux de doigts et jeux vocaux**	
E1	• Être attentif lors de l'écoute d'une comptine. • Jouer avec sa voix et acquérir un répertoire de comptines.
E2	• Interpréter et jouer une comptine de manière expressive.

PÉRIODE 2 › Novembre - Décembre	
Page 25 **« Bonjour, je m'appelle Trotro »**	
S3	• Prendre la parole dans un groupe pour se présenter individuellement.
S4	• Oser parler à l'école : entrer en communication avec un camarade ou un adulte.
Page 32 **Trotro et le hérisson**	
E1	• Comprendre une histoire racontée par l'enseignant.
E2	• Comprendre une histoire racontée par l'enseignant.
E3	• Reformuler quelques éléments de l'histoire.
E4	• Comprendre un texte écrit illustré, lu par l'enseignant.
E5	• Feuilleter un album connu pour raconter ou se raconter l'histoire.
Page 65 **Roulez bolides !**	
S1	• Dire ce que l'on fait, ce que l'on a fait ou ce que l'on veut faire au cours des activités de pilotage en salle de jeu.
S2	• S'intéresser aux mots nouveaux qu'on rencontre pour les comprendre et les utiliser.
S3	• Se faire comprendre par le langage pour les besoins de la vie scolaire : demander un véhicule à un adulte.
S4	• Participer verbalement à un projet lié à l'utilisation des véhicules en salle de jeu. • Utiliser l'écrit pour garder trace du choix de véhicule effectué avant d'aller en salle de jeu.
S5	• Comprendre un texte écrit illustré (thématique : apprendre à faire du vélo), raconté puis lu par l'enseignant. • Raconter une histoire proche de son vécu.
Page 78 **Je veux voyager**	
E1	• Jouer avec sa voix et acquérir un répertoire de comptines.
E2	• Prendre la parole dans le cadre d'un petit groupe. • Dire une comptine en la jouant et en changeant quelques éléments.
Page 81 **Jouons avec les poupées**	
S1	• Utiliser le langage dans des jeux à plusieurs. • Entrer en relation avec l'adulte et ses pairs par la médiation du langage.
S2	• Proposer des solutions pour résoudre un problème. • Utiliser le langage dans des jeux à plusieurs.
S3	• Proposer des solutions pour ranger les vêtements. • Acquérir un vocabulaire pertinent concernant les actes du quotidien.
S4	• Être attentif lors de l'écoute d'une question et la comprendre. • Comprendre un texte écrit illustré, lu par l'enseignant.

PÉRIODE 3 › Janvier - Février

Page 97 Loup y es-tu ?	
S1	• Écouter attentivement et comprendre la chanson *Loup y es-tu ?* • Mémoriser les noms des habits cités dans la chanson *Loup y es-tu ?*
S2	• Utiliser le langage dans des jeux à plusieurs : le jeu *Loup y es-tu ?* • Mémoriser le refrain de la chanson *Loup y es-tu ?* • Chanter devant les autres.
Page 110 Sur la tête	
E1	• Dire de mémoire de manière expressive une comptine.
E2	• S'intéresser aux mots nouveaux rencontrés.
Page 97 Loup y es-tu ?	
S3	• Comprendre un texte écrit lu par l'enseignant. • Feuilleter un album connu pour raconter ou se raconter l'histoire.
S4	• S'intéresser aux mots nouveaux qu'on rencontre pour les comprendre et les utiliser.
S5	• Formuler une demande, questionner et expliquer en situation de jeu.
Page 62 Ma maison	
E1	• Discuter en défendant son point de vue, en posant des questions.
E2	• Comprendre une histoire lue par l'enseignant.
E3	• Comprendre, acquérir et utiliser un vocabulaire pertinent concernant l'habitat des animaux. • Demander la lecture d'un écrit pour en connaitre le contenu.
E4	• Reformuler quelques éléments de l'histoire.

PÉRIODE 4 › Mars - Avril

Page 113 À table !	
S1	• Utiliser le langage dans des jeux à plusieurs au coin cuisine. • Proposer des solutions pour résoudre un problème.
S2	• Utiliser le langage dans des jeux à plusieurs au coin cuisine. • Se faire comprendre par le langage pour les besoins de la vie scolaire : formuler une demande.
S3	• Utiliser le langage dans des jeux à plusieurs : faire semblant de préparer un repas. • Dire ce que l'on fait ou ce que fait un camarade.
S4	• Comprendre et formuler des consignes. • Décrire, questionner, expliquer au cours d'une expérimentation.
Page 152 Pop mange de toutes les couleurs	
E1	• Comprendre une histoire racontée par l'enseignant.
E2	• Comprendre une histoire lue par l'enseignant. • Feuilleter un album connu pour raconter ou se raconter l'histoire.
E3	• Comprendre, acquérir et utiliser un vocabulaire pertinent concernant les aliments et les couleurs.
Page 154 Un jour un fruit – Les fruits emballés	
E1	• Comprendre et acquérir un vocabulaire pertinent concernant les actes du quotidien comme les repas : les noms des fruits. • Exprimer ses gouts : ce que j'aime manger et ce que je n'aime pas manger.
E2	• Utiliser quelques adjectifs en relation avec les couleurs, les formes et les grandeurs.
Page 127 Jouons avec les véhicules	
S1	• Oser parler à l'école. • Utiliser le langage dans des jeux à plusieurs avec les véhicules.
S2	• Utiliser le langage dans des jeux à plusieurs avec les véhicules. • Comprendre une histoire proche de son vécu racontée par l'enseignant.
S3	• Comprendre un texte écrit illustré, lu par l'enseignant. • Raconter une histoire.

PÉRIODE 5 › Mai - Juin

Page 171 Hop ! Me voilà !	
S1	• Écouter et comprendre le texte d'une comptine.
S2	• Utiliser le langage pour jouer ensemble. • S'intéresser aux mots nouveaux qu'on rencontre pour les comprendre et les utiliser.
S3	• Dire une comptine devant un petit groupe.
Page 176 Allo docteur !	
E1	• Utiliser le langage dans des jeux de faire semblant au coin docteur. • Comprendre et acquérir un vocabulaire pertinent concernant les actes du quotidien. • Proposer des solutions pour résoudre un problème.
E2	• Comprendre des récits simples proches de son vécu.
E3	• Imiter un personnage en situation de restitution d'un dialogue connu et mémorisé.

Page 92 Les trois ours	
E1	• Être attentif lors de l'écoute d'une histoire et la comprendre.
E2	• Discuter en défendant son point de vue, en posant des questions.
E3	• Être attentif lors de l'écoute d'une histoire et la comprendre.
E4	• Comprendre une histoire lue par l'enseignant.
E5	• Raconter une histoire en la jouant. • Jouer sur sa voix pour distinguer les paroles de chacun des personnages.

Un parcours d'apprentissage en Moyenne section

Le tableau présente un exemple de parcours d'apprentissage dans une classe de **MS** à partir des séquences proposées. Il exprime une progression et une programmation sur une année. Il est possible de construire plusieurs parcours d'apprentissage différents en fonction des besoins de vos élèves.
Les titres de séquence sont écrits en gras (ex. **Jouons au coin cuisine**).
Les séances sont indiquées par la lettre **S** (ex. **S1** est l'abréviation de Séance 1).
Les étapes sont signalées par la lettre **E** (ex. **E2** correspond à l'étape 2).
Les objectifs langagiers sont précisés et énoncés pour chaque séance (ex. Utiliser le langage dans des jeux à plusieurs au coin cuisine).

PÉRIODE 1 › Septembre - Octobre	
Page 61 Petit cheval va à l'école – C'est la rentrée	
S1	• Jouer avec sa voix : dans un tempo normal, très lentement, très vite, en accélérant.
S2	• Exprimer des sentiments et des émotions par le geste et les déplacements.
Page 49 Trotro va à l'école	
S1	• Être attentif lors de l'écoute d'une histoire courte jouée par l'enseignant. • Participer verbalement à un projet, proposer des solutions pour résoudre un problème.
S2	• Utiliser le langage dans des jeux à plusieurs pour préparer la poupée qui va à l'école. • Dire ce que l'on fait ou ce que fait un camarade : commenter et décrire des actions simples.
S3	• Comprendre un texte lu par l'enseignant. • Raconter une l'histoire.
S4	• Être attentif lors de l'écoute d'une histoire longue et la comprendre. • Feuilleter un album connu pour raconter ou se raconter l'histoire.
Page 37 Jouons au coin cuisine	
S1	• Utiliser le langage dans des jeux à plusieurs au coin cuisine.
S2	• Participer verbalement à un projet : ranger le coin cuisine. • Proposer des solutions pour résoudre un problème : comment ranger le coin cuisine ?
S3	• Expliquer ce que l'on doit faire pour ranger le coin cuisine. • Formuler des règles et des consignes de rangement.
S4	• Être attentif lors de l'écoute d'une histoire longue et la comprendre. • Feuilleter un album connu pour raconter ou se raconter une histoire.
Page 65 Roulez bolides !	
S1	• Dire ce que l'on fait, ce que l'on a fait ou ce que l'on veut faire au cours des activités de pilotage en salle de jeu.
S2	• S'intéresser aux mots nouveaux qu'on rencontre pour les comprendre et les utiliser.
S3	• Se faire comprendre par le langage pour les besoins de la vie scolaire : demander un véhicule à un adulte.
S4	• Participer verbalement à un projet lié à l'utilisation des véhicules en salle de jeu. • Utiliser l'écrit pour garder trace du choix de véhicule effectué avant d'aller en salle de jeu.
S5	• Comprendre un texte écrit illustré (thématique : apprendre à faire du vélo), raconté puis lu par l'enseignant. • Raconter une histoire proche de son vécu.
Page 142 J'y vais !	
E1	• Être attentif lors de l'écoute d'une histoire et la comprendre.
E2	• Comprendre une histoire lue par l'enseignant.
E3	• Raconter une histoire en la jouant.
E4	• Raconter une histoire en changeant quelques éléments.

PÉRIODE 2 › Novembre - Décembre	
Page 171 Hop ! Me voilà !	
S1	• Écouter et comprendre le texte d'une comptine.
S2	• Utiliser le langage pour jouer ensemble. • S'intéresser aux mots nouveaux qu'on rencontre pour les comprendre et les utiliser.
S3	• Dire une comptine devant un petit groupe.
Page 32 Trotro et le hérisson	
E1	• Comprendre une histoire racontée par l'enseignant.
E2	• Comprendre une histoire racontée par l'enseignant.
E3	• Raconter une scène de l'histoire. • Participer verbalement à la production d'un écrit en commençant à dicter à l'adulte.
E4	• Comprendre un texte écrit illustré, lu par l'enseignant.
E5	• Feuilleter un album connu pour raconter ou se raconter l'histoire.
Page 113 À table !	
S1	• Utiliser le langage dans des jeux à plusieurs au coin cuisine. • Proposer des solutions pour résoudre un problème.
S2	• Utiliser le langage dans des jeux à plusieurs au coin cuisine. • Se faire comprendre par le langage pour les besoins de la vie scolaire : formuler une demande.
S3	• Utiliser le langage dans des jeux à plusieurs : faire semblant de préparer un repas. • Dire ce que l'on fait ou ce que fait un camarade.
S4	• Comprendre et formuler des consignes. • Décrire, questionner, expliquer au cours d'une expérimentation.
Page 62 Ma maison	
E1	• Discuter en défendant son point de vue, en posant des questions.
E2	• Comprendre une histoire lue par l'enseignant.
E3	• Comprendre, acquérir et utiliser un vocabulaire pertinent concernant l'habitat des animaux. • Demander la lecture d'un écrit pour en connaitre le contenu.
E4	• Mémoriser le texte de l'histoire.
Page 144 À la soupe !	
S1	• S'intéresser aux mots nouveaux qu'on rencontre pour les comprendre et les utiliser.
S2	• Participer verbalement à un projet. • Comprendre un texte écrit illustré, lu par l'enseignant.
S3	• Prendre la parole pour faire agir en s'appuyant sur l'expérience vécue. • Verbaliser un enchainement d'actions en prenant appui sur des images.

PÉRIODE 3 › Janvier - Février

Page 97 **Loup y es-tu ?**

S1	• Écouter attentivement et comprendre la chanson *Loup y es-tu ?* • Mémoriser les noms des habits cités dans la chanson *Loup y es-tu ?*
S2	• Utiliser le langage dans des jeux à plusieurs : le jeu *Loup y es-tu ?* • Mémoriser le refrain de la chanson *Loup y es-tu ?* • Chanter devant les autres.
S3	• Comprendre un texte écrit lu par l'enseignant. • Feuilleter un album connu pour raconter ou se raconter l'histoire.
S4	• S'intéresser aux mots nouveaux qu'on rencontre pour les comprendre et les utiliser.
S5	• Formuler une demande, questionner et expliquer en situation de jeu.

Page 110 **Sur la tête**

E1	• Dire de mémoire de manière expressive une comptine
E2	• S'intéresser aux mots nouveaux rencontrés.

Page 81 **Jouons avec les poupées**

S1	• Utiliser le langage dans des jeux à plusieurs. • Entrer en relation avec l'adulte et ses pairs par la médiation du langage.
S2	• Proposer des solutions pour résoudre un problème. • Utiliser le langage dans des jeux à plusieurs.
S3	• Proposer des solutions pour ranger les vêtements. • Acquérir un vocabulaire pertinent concernant les actes du quotidien.
S4	• Être attentif lors de l'écoute d'une question et la comprendre. • Comprendre un texte écrit illustré, lu par l'enseignant.

Page 152 **Pop mange de toutes les couleurs**

S1	• Comprendre une histoire racontée par l'enseignant.
S2	• Comprendre une histoire lue par l'enseignant. • Feuilleter un album connu pour raconter ou se raconter l'histoire.
S3	• Comprendre acquérir et utiliser un vocabulaire pertinent concernant les aliments et les couleurs.
S4	• Utiliser un vocabulaire pertinent concernant les aliments et les couleurs. • Produire un énoncé oral dans une forme adaptée pour qu'il puisse être écrit.

PÉRIODE 5 › Mai - Juin

Page 157 **La toilette des poupées**

S1	• S'intéresser aux mots nouveaux qu'on rencontre pour les comprendre et les utiliser. • Proposer des solutions pour résoudre un problème : comment va-t-on s'y prendre pour laver les poupées ? • Utiliser l'écrit pour garder trace.
S2	• Utiliser le langage pour jouer ensemble. • Prendre la parole dans le cadre d'un groupe.
S3	• Reformuler quelques éléments de l'histoire en s'appuyant sur la succession des images. • Comprendre une histoire proche de son vécu racontée puis lue par l'enseignant.
S4	• Prendre la parole pour faire agir en s'appuyant sur l'expérience vécue. • Être attentif lors de l'écoute d'une histoire longue sans support et la comprendre. • Comprendre un dessin animé et en restituer les étapes essentielles.

PÉRIODE 4 › Mars - Avril

Page 127 **Jouons avec les véhicules**

S1	• Oser parler à l'école. • Utiliser le langage dans des jeux à plusieurs avec les véhicules.
S2	• Utiliser le langage dans des jeux à plusieurs avec les véhicules. • Comprendre une histoire proche de son vécu racontée par l'enseignant.
S3	• Comprendre un texte écrit illustré, lu par l'enseignant. • Raconter une histoire.

Page 92 **Les trois ours**

E1	• Être attentif lors de l'écoute d'une histoire et la comprendre.
E2	• Discuter en défendant son point de vue, en posant des questions.
E3	• Être attentif lors de l'écoute d'une histoire et la comprendre.
E4	• Comprendre une histoire lue par l'enseignant.
E5	• Raconter une histoire en la jouant. • Jouer sur sa voix pour distinguer les paroles de chacun des personnages.

Page 176 **Allo docteur !**

E1	• Utiliser le langage dans des jeux de faire semblant au coin docteur. • Comprendre et acquérir un vocabulaire pertinent concernant les actes du quotidien. • Proposer des solutions pour résoudre un problème.
E2	• Comprendre des récits simples proches de son vécu.
E3	• Imiter un personnage en situation de restitution d'un dialogue connu et mémorisé.

PÉRIODE 5 › Mai - Juin (suite)

Page 166 **La toilette**

E1	• Être attentif lors de l'écoute d'une comptine.
E2	• Jouer sur sa voix pour explorer les variantes de timbre, de hauteur et de nuance.
E3	• Écouter et repérer des régularités de la langue française.

Page 122 **Le bonhomme de pain d'épices**

E1	• Être attentif lors de l'écoute d'une histoire et la comprendre.
E2	• Proposer des solutions pour résoudre un problème.
E3	• S'intéresser à l'avis des autres. • Discuter en défendant son point de vue.
E4	• Comprendre un texte écrit illustré, lu par l'enseignant. • Échanger pour comparer différentes versions du conte *Le bonhomme de pain d'épices.*
E5	• Pratiquer divers usages du langage oral : raconter, décrire, évoquer, dialoguer, proposer des solutions.

Page 155 **Le loto des fruits et légumes - Le jeu de la marchande**

E1	• Échanger dans le cadre d'un jeu de communication. • Formuler une demande en respectant les règles de prise de parole. • Nommer les aliments les plus courants.
E2	• Engager un dialogue. • Exprimer des demandes successives. • Caractériser et nommer les aliments.

Le langage des adultes pour apprendre

À l'école maternelle, le langage de l'enseignant et de l'ATSEM est déterminant parce qu'il est le vecteur d'apprentissages linguistique, cognitif et social. Attentifs à leur propre langage, les adultes s'efforcent à un débit de parole ralenti. Ils produisent des énoncés brefs et soigneusement articulés. Petit à petit, en s'adaptant à la diversité des performances langagières des élèves, ils font évoluer leurs énoncés. Ils apportent une attention particulière à leur registre linguistique, c'est-à-dire un oral correct et adapté à l'âge des élèves.
À l'écoute des élèves, les adultes cherchent à comprendre ce qu'ils veulent dire et réagissent à leurs propos par des reprises de leurs énoncés, par des compléments sémantiques et syntaxiques. Ils savent considérer un essai ou une question d'élève comme une conquête qu'ils valorisent et interprètent.
C'est très largement cette attitude professionnelle s'appuyant sur des modes de questionnements efficaces qui détermine l'expression des élèves.

L'enseignant d'école maternelle d'abord maitre de langage

C'est l'enseignant qui régule et dynamise la communication, qui veille à ce que les « parleurs » soient de plus en plus nombreux et de plus en plus efficaces dans leur prise de parole. Mais pour communiquer à bon escient, il est essentiel que l'élève sache ce qu'on attend de lui. À cette fin, l'enseignant veille à expliciter les tâches attendues, en particulier en matière de langage, pour permettre à chacun de bien s'installer dans les diverses situations de communication. Il prend l'habitude d'annoncer ce qu'il va faire, ce que les élèves auront à faire, dans des mots simples, par exemple :
« Je vais vous lire une histoire, vous allez m'écouter ; quand j'aurai terminé la lecture, vous direz ce qui vous a plu, ce qui ne vous a pas plu dans cette histoire. »
« Je vais vous lire un texte qui parle des escargots. Nous cherchons ce qu'ils mangent. Quand je m'arrêterai, vous pourrez poser des questions. »
L'enseignant prend en compte la dimension émotionnelle et affective de la communication, en vivant avec ses élèves des situations de complicité, de partage culturel. Il peut aussi, intentionnellement, théâtraliser certaines situations : être marionnettiste, participer à un jeu de faire semblant.

Les adultes dans l'école

Lors de sa première entrée à l'école maternelle, c'est essentiellement vers l'adulte que le très jeune enfant se tourne pour communiquer. Ce sont la confiance en l'adulte qui répond à ses demandes et l'assurance de pouvoir revenir vers celui-ci en cas de problème et la certitude d'être écouté qui aident le jeune enfant à accepter d'autres interlocuteurs en dehors de sa famille. Parmi eux, à côté de l'enseignant qui exerce pleinement, l'agent territorial spécialisé en école maternelle (ATSEM) dont bénéficient aujourd'hui la plupart des classes maternelles a un statut particulier. Dans certains cas, les accompagnants des élèves en situation de handicap (AESH), les animateurs périscolaires peuvent aussi contribuer à l'encadrement éducatif et intervenir dans le circuit des relations. Le projet d'école précise le rôle de tous ces adultes auprès des enfants.
Les moments de repas, de repos, d'habillage et de déshabillage, de gestion de la propreté ne sont pas des moments anodins. Articulés à de vrais besoins, ils constituent autant de situations de communication authentiques, permettant d'exprimer des envies, des ressentis, des besoins. Ces situations de communication assurent la permanence de la sécurité physique et affective de chaque enfant en même temps qu'elles favorisent le développement de leurs capacités langagières. Plus encore que l'enseignant, au travers de leur fonction éducative, les ATSEM sont souvent les partenaires privilégiés d'une relation duelle, lors de ces moments de vie quotidienne favorisant des conversations naturelles, comparables à celles qui s'instaurent entre un parent et son enfant dans la vie familiale.
L'importance d'une langue contrôlée, correctement construite et sans *à-peu-près* syntaxique fait l'objet d'une discussion au sein de l'équipe pédagogique.

Lors de la fête des animaux, les élèves découvrent et essaient des couvre-chefs de types variés. Cette situation va déclencher de nombreuses prises de parole.

Les parents, partenaires essentiels

Les parents ne cessent pas d'être les premiers tuteurs de langage de leur enfant du fait qu'il entre à l'école. Comme dans la classe, c'est dans les échanges les plus naturels que s'inscrit l'apprentissage du langage dans la famille. Il peut être nécessaire d'en convaincre certains parents. C'est le rôle des enseignants d'évoquer ce sujet avec eux, dès les premières réunions organisées à leur intention et indépendamment de tout problème particulier.

On insistera sur les situations usuelles: on dit ce que l'on fait pendant le bain, l'habillage, quand on prépare le repas, en rangeant avec lui. On dit ce que l'on voit quand on se déplace, à pied, en voiture ou dans les transports en commun. On raconte ce que l'on a fait, on parle de ce que l'on va faire. On expliquera à quel point il est important d'écouter un enfant qui parle et de lui répondre, de lui laisser le temps de dire ce qu'il veut dire, de l'interroger.

Pour les parents dont le français n'est pas la langue première, il convient de les rassurer quant à leur rôle et de les encourager à utiliser leur langue pour les échanges du quotidien. Quand leur enfant rapporte un livre de l'école et raconte l'histoire qu'il a mémorisée en français, tout en accueillant ces acquis comme une conquête importante, ils peuvent tout à fait commenter dans la langue de la maison, interroger l'enfant sur des détails qu'il aurait oubliés et que suggèrent les images. Il en va de même pour les chansons, comptines, poèmes que l'enfant a mémorisés.

La fête des animaux génère de nombreuses interactions langagières entre les élèves et avec les adultes. L'enseignant aide ses élèves à passer de simples commentaires à des échanges portant sur ce qui ne se voit pas et qu'ils commencent à évoquer grâce à des questions ouvertes.

Les modes de questionnement efficaces

• Les questions ouvertes

Les questions fermées, souvent introduites par des pronoms interrogatifs (qui, à qui, que, qu'est-ce qui, où, lequel, laquelle), induisent des réponses partielles qui prennent le plus souvent la forme d'un groupe nominal.
L'usage des adverbes interrogatifs (quand, comment, pourquoi) amène souvent des phrases plus riches incluant des compléments de phrase ou des subordonnées circonstancielles en réponse à des questions de fait plus ouvertes.

• Les relances

Pour engager les élèves à parler en continu, l'analyse de situations de classe montre que ce sont les tactiques de relances les plus légères, comme « Ah ! », « Et alors ? », « Ah bon ? », « Oui… », « Tu es sûr ? »… ou la reprise des derniers mots de celui qui vient de parler, qui fonctionnent le mieux.
L'enseignant reprend ou reformule ce qu'a dit l'élève, suivi d'une relance de type « Et pourquoi ? » ou « C'est intéressant, et après ? », pour entretenir le moteur de la quantité.

• Les questionnements indirects

C'est une modalité très fertile comme « Je me demande si, pourquoi, qui, où… », « Je ne sais pas… », « Je ne comprends pas pourquoi, comment… » suivie de demandes de justifications comme « Tu es sûr que ? », « Tu crois ? », « Est-ce que tu sais ? »
Cette stratégie génère une véritable implication dans la prise de parole pour partager ses connaissances.

• Les émissions d'hypothèses

« Peut-être que… », « Et si… », « Si ça se trouve… », « Je pense que… ». Amorcée par l'enseignant, l'émission d'hypothèses constitue une formidable ouverture pour enrôler l'élève dans l'élucidation d'un mystère, l'expression de ses représentations ou l'explication d'une observation en sciences, l'anticipation d'une action à venir ou de la suite d'un récit.

• Les contresens ou les fausses déclarations

L'enseignant ou la marionnette ne comprend pas ou fait mine de ne pas comprendre ce que veut dire l'élève. Il fait une remarque incongrue, avance une hypothèse erronée, formule une consigne fantaisiste. C'est là une occasion idéale pour susciter la production de phrases négatives et la restauration de la bonne réponse.
L'implication des élèves est assurée dans ces situations qu'ils affectionnent particulièrement car ils endossent alors le rôle du « redresseur de torts ».

• Les sollicitations du point de vue des élèves et leurs justifications

« Qu'est-ce que tu en penses ? », « Tu crois ? », « Pourquoi n'es-tu pas d'accord avec… ? ».

• Les utilisations des connecteurs et des embrayeurs

Ceci est particulièrement efficace dans la narration (reprise d'histoires connues) avec « Mais », « Un jour », « Tout à coup », « Soudain », « Alors », « Puis », « Pendant ce temps ». Leur seule formulation par l'enseignant enclenche la production d'un énoncé qui atteste le développement de la capacité à se situer dans le schéma narratif et qui contribue à le renforcer.

• Les vertus du silence

C'est là un excellent moyen de susciter le questionnement des élèves. Trop rare dans les séances de langage saturées par la parole magistrale, le silence de l'enseignant permet à ses élèves de se lancer et d'aller jusqu'au bout de leurs propos en enchainant plusieurs phrases.

Les mots du langage

L'objet de ces deux pages est de clarifier tous les termes nécessaires à la compréhension de ce qui se joue dans l'apprentissage de la langue et du langage à l'école maternelle dans le cadre de À L'ÉCOLE DU LANGAGE.

Langue
nom féminin (latin lingua)
Convention adoptée par une communauté linguistique, la langue constitue un système complexe régi par des régularités que l'on peut observer, objectiver. Tout locuteur d'une langue a une connaissance intuitive de ses règles en dehors de tout apprentissage explicite. Une langue n'est pas un objet figé; c'est une construction humaine qui évolue dans le temps et qui s'enrichit de croisements et d'emprunts.

Langage
nom masculin (de langue)
Si la langue est un objet social et culturel, le langage désigne une fonction humaine qui a une triple dimension: psychologique, sociale et cognitive. Le langage est le produit d'une activité, spontanée ou réfléchie selon le cas, d'un sujet s'exprimant au moyen d'une langue. Cette activité s'appuie sur le fonctionnement psychique, interne, rendu possible grâce à l'activité neuronale cérébrale. L'activité langagière se distingue des produits langagiers qui en constituent les facettes audibles, visibles, lisibles.
En situation scolaire, le langage correspond aux activités de réception et de compréhension (écouter, lire) et aux activités de production (parler, écrire), qu'elles soient effectuées par les élèves eux-mêmes ou par l'intermédiaire de l'enseignant. Pour être plus précis, parce que les difficultés sont fort différentes, il conviendrait de distinguer dans les activités de production orale, la production et l'interaction. Celle-ci, qui suppose une production articulée sur la réception-compréhension des interventions d'autrui, devient complexe dans un groupe où les interlocuteurs sont multiples.

Syntaxe
nom féminin (bas latin syntaxis, du grec suntaksis, ordre)
La connaissance des mots et les règles d'assemblage qui fondent la syntaxe de notre langue se construisent de manière conjointe, lexique et syntaxe étant indissociables dans tout acte de parole. En mobilisant et en agençant les mots dans des énoncés de plus en plus précis, les enfants progressent vers la maitrise de la langue en s'appropriant les structures syntaxiques qui la caractérisent.

Lexique
nom masculin (grec lexikon, de lexis, mot)
Vocabulaire
nom masculin (latin médiéval vocabularium, du latin classique vocabulum, mot)
Le lexique est une notion théorique: il désigne l'ensemble complet des mots d'une langue. Il est à distinguer du vocabulaire qui correspond à l'ensemble des mots effectivement employés par une personne dans un énoncé écrit ou oral. Cependant, dans le langage courant on emploie indifféremment les termes vocabulaire et lexique, ceux-ci étant considérés comme synonymes. Le vocabulaire passif (vocabulaire compris) comprend toujours un nombre de mots beaucoup plus important que le vocabulaire actif (vocabulaire utilisé), et ce quelle que soit l'expertise du locuteur. Cette dimension est à prendre en compte dans les apprentissages pour ajuster les supports et les exigences qui seront différents en réception et en production.

Les fonctions du langage

C'est en s'ouvrant aux usages et aux fonctions du langage que l'enfant acquiert une langue. À l'école maternelle, le langage joue pleinement plusieurs fonctions. C'est un outil de communication, d'expression, de représentation du monde et d'instrument de la pensée. La scolarisation introduit à des usages moins immédiats du langage. Les élèves en font la découverte dans le besoin et le perfectionnent par l'usage : ils tâtonnent, ils ajustent leurs dires pour se faire comprendre, pour désigner et caractériser les réalités auxquelles ils se confrontent, pour surmonter des désaccords ou parce que leur interlocuteur leur signifie son incompréhension. Le langage a des fonctions différentes selon les situations et les domaines d'apprentissage. Le tableau ci-dessous a pour objectif de les rendre explicites. Il est réalisé d'après les travaux sur les fonctions de la communication de Roman Jacobson[1] et sur les fonctions langagières d'Agnès Florin[2].

FONCTIONS DU LANGAGE	BUTS POUR L'ENFANT	COMPÉTENCES LANGAGIÈRES
Instrumentale	Pour satisfaire ses besoins et obtenir ce qu'il veut de son interlocuteur.	Formuler des demandes : « veux ça ». Utiliser et mémoriser un vocabulaire précis. Nommer des objets. Désigner des actions.
Interpersonnelle	Pour entrer en relation avec autrui ou maintenir cette relation.	Établir le contact : « allo », « coucou », « bonjour ». Prendre la parole. Dialoguer. Formuler des demandes, y répondre. Comprendre. Exécuter des consignes.
Personnelle	Pour exprimer ses sentiments, son intérêt, ses gouts, ses émotions, son ressenti.	Oser prendre la parole. Exprimer ses émotions : « j'ai pas peur ». Porter une appréciation sur... Commenter. Comparer. Effectuer un choix. Exprimer ses gouts : « aime pas ».
Régulatrice	Pour contrôler le comportement d'autrui.	Formuler des consignes : « donne-moi le camion ». Formuler des règles : « il faut dire s'il te plait ».
Ludique	Pour jouer avec la langue.	S'exprimer de façon claire et compréhensible. Prononcer et articuler des mots et des phrases complexes. Jouer sur le souffle, le rythme, le débit, l'intonation. Mémoriser des chants et des comptines. Identifier les sons de la langue, les isoler, les associer, les agencer.
Heuristique	Pour en savoir plus sur le monde.	Formuler des demandes. Questionner : « c'est quoi ? », « tu fais quoi ? », « t'es qui toi ? ». Expliquer.
Imaginative	Pour créer son propre environnement, inventer son monde.	Inventer des scénarios du type « On dirait que je suis le docteur et toi la maman du bébé ». Raconter. Inventer une suite à une histoire ou des variantes.
Informative	Pour échanger des informations entre interlocuteurs.	Raconter. Décrire. Expliquer. Dire et mémoriser des chants et des comptines. Justifier.
Métalinguistique	Pour parler du langage et de son usage.	Nommer. Expliquer. Justifier. Émettre des hypothèses. Commenter : « il parle comme un bébé ».

[1] Roman JACOBSON (1963) *Essai de linguistique générale, cité dans Maitriser l'oral en maternelle* (2002) MAIRAL ET BLOCHET. Pages 95 et 96. Les éditions de minuit.

[2] Agnès FLORIN (2002) *Parler ensemble en maternelle.* Pages 72 et 73. Ellipses.

« BONJOUR, JE M'APPELLE TROTRO »

Scènes en série

Situation motivante

Avec de jeunes enfants, l'introduction de la marionnette Trotro dans la classe dès le début de l'année permet aux plus timides de s'engager dans une relation de communication verbale ou non avec l'adulte ou quelques pairs. Au cours de l'année, les enfants retrouveront avec plaisir Trotro dans la série d'albums et de films d'animation relatant ses aventures. Les enfants vont pouvoir s'identifier à un personnage qui leur ressemble. Cette série permet une explicitation des valeurs éducatives et des relations parents-enfants tout en veillant à éviter que se construisent des stéréotypes.

Objectifs langagiers

Le plaisir de communiquer au départ n'est pas verbal. L'enseignant peut, en manipulant la marionnette, faciliter la prise de parole dans des situations de communication authentiques qui sont justifiées par la vie de la classe. La marionnette sollicite les élèves pour leur demander quelque chose qu'elle ignore.

Place dans la programmation

Cette séquence proposée dès le début de l'année scolaire a pour objectif principal de rendre les élèves capables de se présenter oralement à un pair ou à un adulte.
Au cours de l'année, des situations de langage diversifiées seront proposées avec la médiation de la marionnette : introduction de nouvelles activités, évocation des activités menées en dehors de la classe (salle de jeu, sorties...), rappel de récits, jeux sur la compréhension des histoires racontées par l'enseignant, échanges sur le vécu des élèves à l'école (déroulement des récréations, rôle de l'école et de l'enseignant...).

Mobiliser le langage dans toutes ses dimensions

L'ORAL	
✗	Oser entrer en communication
	Comprendre et apprendre
	Échanger et réfléchir avec les autres
	Commencer à réfléchir sur la langue et acquérir une conscience phonologique

L'ÉCRIT	
	Écouter de l'écrit et comprendre
✗	Découvrir la fonction de l'écrit
	Commencer à produire des écrits et en découvrir le fonctionnement
	Découvrir le principe alphabétique
	Commencer à écrire tout seul

SÉANCE 1
Langage oral

UTILISER LES FORMULES DE SALUTATIONS

▸ **Oser entrer en communication**

Connaitre, formuler et mettre en œuvre les règles de salutations.
Prendre en considération la sollicitation de l'adulte.

SÉANCE 2
Langage oral
Langage écrit

ENTRER EN RELATION AVEC LA MARIONNETTE DE LA CLASSE

▸ **Oser entrer en communication**

Oser parler à l'école : entrer en communication avec un adulte de manière verbale ou non.

▸ **Découvrir la fonction de l'écrit**

Vouloir utiliser l'écrit pour dire quelque chose à quelqu'un.

SÉANCE 3
Langage oral

SE PRÉSENTER À LA MARIONNETTE OU À UN CAMARADE

▸ **Oser entrer en communication**

Prendre la parole dans un groupe pour se présenter individuellement.

SÉANCE 4
Langage oral

SE PRÉSENTER À UNE PERSONNE INCONNUE

▸ **Oser entrer en communication**

Oser parler à l'école : entrer en communication avec un camarade ou un adulte.

Réactivation - Transferts

- Lors des regroupements, se dire *bonjour* en se passant un objet de main en main ou en faisant circuler un signe : se serrer la main, se faire un clin d'œil.
- Apprendre des jeux de doigts et des comptines pour se dire *bonjour* et engager le dialogue.

UTILISER LES FORMULES DE SALUTATIONS

FONCTIONS DU LANGAGE MOBILISÉES

Interpersonnelle
Pour entrer en relation avec autrui.

Régulatrice
Pour contrôler le comportement d'autrui.

Personnelle
Pour exprimer des sentiments personnels, ses gouts.

SCÈNE DE LANGAGE

À leur arrivée à l'école, les élèves découvrent la mascotte de la classe (ici Trotro) assise à la place de l'enseignant au coin regroupement. Trotro salue les élèves et se présente. Il explique qu'il est un âne et qu'il est content de venir à l'école avec eux.
Un rituel de salutations (*bonjour* et *au revoir*) est instauré pour installer les premières règles de politesse dans la classe.
Certains connaissent Trotro. Ils évoquent alors ses aventures dans les dessins animés et dans les livres. Ils expriment un avis sur ce personnage.

OBJECTIFS LANGAGIERS

Connaitre, formuler et mettre en œuvre les règles de salutations.

Prendre en considération la sollicitation de l'adulte.

CONDUITES LANGAGIÈRES

Établir le contact, prendre la parole, répondre à une sollicitation, décrire, donner son avis.

LEXIQUE ET SYNTAXE MOBILISÉS

Langage en réception
Comprendre la description de l'âne Trotro.

Langage en production
Utiliser à bon escient les formules de politesse *bonjour* et *au revoir*.

CLASSE ENTIÈRE OU DEMI-CLASSE AU COIN REGROUPEMENT

10 minutes

MATÉRIEL ET SUPPORTS

- ★ Une marionnette de la classe. La séquence est présentée avec le personnage de Trotro mais peut être conduite avec tout autre personnage.
- ★ La photographie d'un âne.

RÔLE DE L'ENSEIGNANT

- Manipuler et prêter sa voix à la marionnette. Lors du regroupement, instaurer le rituel du bonjour. Saluer les élèves et se présenter. Expliquer qu'il est un âne et qu'il est content de venir à l'école avec eux.
- Demander d'observer ses traits caractéristiques pour le décrire : ses longues oreilles, sa crinière blanche, ses poils gris, son museau, ses sabots blancs. Demander si certains connaissent Trotro ou l'ont déjà vu à la télévision.
- Présenter une photographie d'un âne. Faire retrouver les éléments caractéristiques évoqués lors la description de Trotro.

TÂCHE DES ÉLÈVES

- Répondre aux sollicitations de Trotro.
- Répondre à l'appel de son prénom, dire son prénom, dire *bonjour*.
- Observer les traits caractéristiques de Trotro et s'exprimer pour le décrire. Comprendre la description de l'âne Trotro effectuée par l'enseignant. Retrouver les éléments sur la photographie d'un âne.

DIFFÉRENCIATION

- Utiliser Trotro pour entrer en relation avec les élèves et pour faire connaissance.
- Évoquer les aventures de Trotro avec les élèves qui le connaissent déjà. Les inviter à exprimer leurs gouts personnels.

Pour fabriquer la marionnette Trotro, les dessins de face et de dos sont reproduits sur du carton plume, découpés, mis en couleur (coloriage du corps et collage de tissu), puis collés sur une moufle réalisée en tissu.

SCÉNARIO

Après cette séance, au cours de la semaine qui suit, pendant le moment d'accueil en classe, l'enseignant prête sa voix à la marionnette Trotro pour accueillir chaque enfant et sa famille. Trotro utilise les formules adaptées à chaque personne (*Bonjour Monsieur, Bonjour Madame*), se présente et engage la conversation quand c'est possible.

CRITÈRES DE RÉUSSITE

- **Réagit à l'appel de son prénom de manière verbale ou non verbale.**

ENTRER EN RELATION AVEC LA MARIONNETTE DE LA CLASSE

FONCTIONS DU LANGAGE MOBILISÉES

Interpersonnelle
Pour entrer en relation avec autrui.

Personnelle
Pour exprimer des sentiments personnels, ses gouts.

SCÈNE DE LANGAGE

Individuellement puis dans le cadre d'un petit groupe, chacun se présente à Trotro, dit ce qu'il est en train de faire ou ce qu'il a l'intention de faire et répond à ses questions.

OBJECTIFS LANGAGIERS

Oser parler à l'école: entrer en communication avec un adulte de manière verbale ou non verbale.

Vouloir utiliser l'écrit pour dire quelque chose à quelqu'un.

CONDUITES LANGAGIÈRES

Établir le contact, se présenter, dialoguer, raconter.

LEXIQUE ET SYNTAXE MOBILISÉS

Langage en réception et en production
Utiliser les formules de politesse *bonjour* et *au revoir.*
Se présenter en disant *je m'appelle...*
Utiliser le pronom *je* pour parler de soi.

ÉCHANGES INDIVIDUELS

Séance brève menée chaque jour au cours de l'accueil d'une durée variable en fonction des besoins des élèves

MATÉRIEL ET SUPPORTS

★ La mascotte de la classe. La séquence est présentée avec le personnage de Trotro mais peut être conduite avec un autre personnage.

RÔLE DE L'ENSEIGNANT

- Manipuler et prêter sa voix à la marionnette. Se déplacer dans la classe pour entrer en relation duelle avec chaque élève.
- Demander à l'élève de se présenter et, selon ses compétences, de dire ce qu'il est en train de faire ou ce qu'il a l'intention de faire.
- Nourrir le langage des élèves en situation: parler de ce qu'ils font, commenter et expliquer leurs actions.
- Écrire dans le cahier de vie devant les élèves un texte ou une phrase qui informe les parents de l'arrivée de Trotro.

TÂCHE DES ÉLÈVES

- Répondre aux sollicitations de la marionnette. Se présenter à Trotro, dire son prénom ou dire *Je m'appelle...* Dire ce que l'on fait ou ce que l'on veut faire. Parler de soi à Trotro et dialoguer avec lui.

DIFFÉRENCIATION

- Solliciter en priorité les non parleurs en s'appuyant sur ce qui les intéresse. Valoriser toute prise de parole, même peu performante.

CRITÈRES DE RÉUSSITE

- **Accepte un échange verbal ou non verbal.**
- **Répond verbalement à une sollicitation de l'adulte même de manière très brève.**

SE PRÉSENTER
À LA MARIONNETTE OU À UN CAMARADE

FONCTIONS DU LANGAGE MOBILISÉES

Interpersonnelle
Pour entrer en relation avec autrui.

Personnelle
Pour exprimer des sentiments personnels, ses gouts.

SCÈNE DE LANGAGE

En classe, en petit groupe, chaque élève salue la marionnette Trotro et se présente.

OBJECTIF LANGAGIER

Prendre la parole dans un groupe pour se présenter individuellement.

CONDUITES LANGAGIÈRES

Établir le contact, se présenter, dialoguer, raconter.

LEXIQUE ET SYNTAXE MOBILISÉS

Langage en production

Utiliser les formules de politesse *bonjour* et *au revoir.*
Se présenter en disant *je m'appelle...*
Utiliser le pronom *je* pour parler de soi.

PETIT GROUPE DE LANGAGE HÉTÉROGÈNE DE 6 À 8 ÉLÈVES REGROUPÉS EN CERCLE

10 minutes

MATÉRIEL ET SUPPORTS

★ La marionnette Trotro.
★ Un objet de la classe à faire circuler, par exemple un personnage Duplo.

RÔLE DE L'ENSEIGNANT

▸ Manipuler la marionnette Trotro qui se déplace pour serrer la main de chaque élève, dire *bonjour* et se présenter. Solliciter chacun à leur tour les élèves pour qu'ils disent *bonjour* à Trotro et se présentent.

TÂCHES DES ÉLÈVES

▸ Dire *bonjour* à Trotro.
▸ Se présenter à Trotro en disant son prénom ou en utilisant une phrase du type «Je m'appelle + son prénom».

DIFFÉRENCIATION

▸ Demander aux élèves les plus à l'aise de se lever pour aller saluer un camarade, se présenter et lui demander comment il s'appelle.

PROLONGEMENTS

▸ Lors des regroupements, se dire *bonjour* en se passant un objet de main en main ou en faisant circuler un signe : se serrer la main, se faire un clin d'œil.

CRITÈRES DE RÉUSSITE

- **Cherche à communiquer et à être compris.**
- **Entre dans un dialogue pour se présenter.**

SE PRÉSENTER À UNE PERSONNE INCONNUE

FONCTIONS DU LANGAGE MOBILISÉES

Interpersonnelle
Pour entrer en relation avec autrui.

Personnelle
Pour exprimer des sentiments personnels, ses gouts.

Heuristique
Pour en savoir plus sur le monde.

SCÈNE DE LANGAGE

L'arrivée de nouveaux élèves ou l'intervention dans la classe d'adultes justifie que les élèves se présentent. La mise en place d'un échange de service ou d'un décloisonnement permet à l'enseignant d'une autre classe de faire connaissance avec les élèves.

OBJECTIF LANGAGIER

Oser communiquer avec un camarade ou avec un adulte.

CONDUITES LANGAGIÈRES

Établir le contact, se présenter, dialoguer, répondre à des questions, questionner.

LEXIQUE ET SYNTAXE MOBILISÉS

Langage en production

Répondre aux sollicitations de l'adulte en formulant une réponse par un groupe de mots ou une phrase simple.
Se présenter en disant *je m'appelle...*
Utiliser le pronom *je* pour parler de soi.

PETIT GROUPE DE LANGAGE AU MOMENT DE L'ACCUEIL

10 minutes

MATÉRIEL ET SUPPORTS

★ Les trois comptines **(page 31)**.
★ La marionnette Trotro.

RÔLE DE L'ENSEIGNANT

- Exploiter des moments de la vie de la classe pour demander aux élèves de se présenter : arrivée d'un nouvel élève, intervention d'un enseignant ou d'un ATSEM d'une autre classe de l'école.
- Mettre en place un échange de service avec un collègue de l'école pour amener les élèves à se présenter à une personne inconnue.

TÂCHE DES ÉLÈVES

- Entrer en relation avec des interlocuteurs variés, se présenter pour les besoins de la vie de la classe.
- Répondre à des questions, parler de ce que l'on fait à l'école, de sa famille.
- Poser des questions.

RÉACTIVATION - TRANSFERTS

- Les trois comptines **(page 31)** sont utilisées tout au long de l'année pour réactiver la compétence visée.
- Écouter la comptine et observer le jeu de l'enseignant.
- Répéter et mimer les différentes parties de la comptine.
- Jouer et dire la comptine en coordonnant paroles et gestes.

CRITÈRES DE RÉUSSITE

- **Ose parler à une personne peu familière.**

Bonjour, Trotro !

Bonjour, Trotro mon copain !
J'espère que tu vas bien !

La vie est-elle belle ce matin ?
- Oh oui, trop, trop bien !

Alors maintenant... Si tu veux bien...
Tu peux serrer la main de ton voisin.

Et le jeu continue, en changeant de prénom.

Je dis bonjour

Je dis bonjour
(Le pouce est levé, les autres doigts sont pliés.)

Je dis bonjour à ma maman
(Le pouce et l'index se touchent.)

Je dis bonjour à mon papa
(Le pouce et le majeur se touchent.)

Je dis bonjour à la maitresse
(Le pouce et l'annulaire se touchent.)

Et le tout-petit salue tous mes amis
(Poing fermé, petit doigt levé.)

Je vous souhaite un bon mardi...
(Ou un autre jour.)

J'ai un nom, un prénom

J'ai un nom, un prénom
Deux yeux, un nez, un menton
(Montrer les parties du corps avec son doigt.)

Dis-moi vite ton prénom
Pour continuer la chanson.
Tu t'appelles ?
(L'enfant répond en disant son prénom.)

Bonjour... *(Dire le prénom de l'enfant.)*

La chanson est reprise pour un autre enfant.

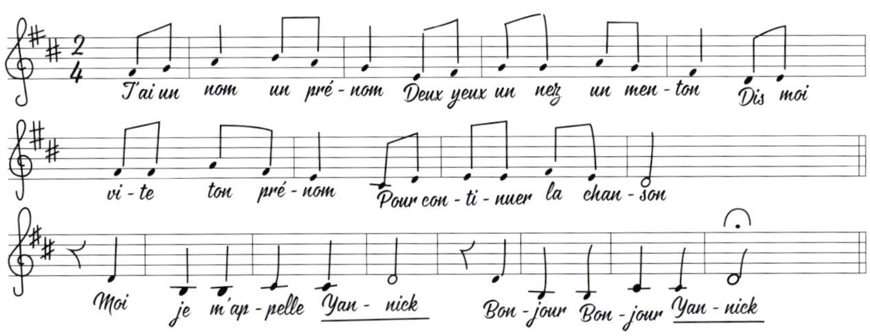

Trotro et le hérisson

FONCTION DU LANGAGE MOBILISÉE

Imaginative
Pour créer son propre environnement, inventer son monde.

LEXIQUE ET SYNTAXE MOBILISÉS

Langage en réception

Identifier et nommer les personnages d'un récit.
Comprendre les événements : lien de causalité.
Comprendre les états mentaux des personnages.
Acquérir les connaissances nécessaires à la compréhension du texte : les caractéristiques du hérisson.

Langage en production

En PS, reformuler quelques éléments de l'histoire.
Raconter l'histoire en utilisant ses propres mots.
Commencer à produire des écrits en dictant son texte à l'adulte.

Le dessin animé *Trotro et le hérisson* se trouve sur le DVD *Trotro est trop gourmand* © Storimages et 2 minutes. D'après l'œuvre originale de Bénédicte Guettier, 2005.

étape 1

Créer un univers de référence

▸ **COMPRENDRE ET APPRENDRE**
Comprendre une histoire racontée par l'enseignant.

GRAND GROUPE • 15 MINUTES

Matériel Les images des personnages de l'histoire : Trotro, Lili et les deux hérissons, un ballon et un ballon de baudruche, des feuilles de deux arbres différents, des livres ou des revues avec des documents sur le hérisson.

1 Annoncer que la classe va visionner un dessin animé avec Trotro, Lili et deux autres personnages. Présenter l'image de Lili, l'amie de Trotro. Amener les élèves à comparer Lili et Trotro.

2 Les images du petit et du grand hérisson sont cachées sous des feuilles. Laisser les élèves essayer d'identifier ces deux personnages, les nommer, les décrire (une boule de piquants), expliquer où ils vivent, ce qu'ils mangent, comment ils se protègent. Lire des documentaires sur le hérisson.

étape 2

Comprendre un film d'animation

▸ **COMPRENDRE ET APPRENDRE**
Comprendre une histoire racontée par l'enseignant.

GRAND GROUPE • 15 MINUTES

Matériel Le dessin animé *Trotro et le hérisson*.

1 Rappeler le nom des personnages en s'aidant des images de la séance précédente.

2 Visionner le film d'animation.

3 Laisser les élèves s'exprimer et dire ce qu'ils ont compris puis relancer la discussion à partir de questions ouvertes.
Ex : Pourquoi les ballons de Trotro et de Lili ont-ils crevé ?
Comment se fait-il que Trotro ne pleure pas quand son ballon est crevé par le hérisson ?
Pourquoi Lili et Trotro cherchent-ils à manger pour le hérisson ?
Pourquoi Trotro n'est-il pas fâché quand il se fait mal avec les piquants du hérisson ?

étape 3

Illustrer une scène de l'histoire

► **COMPRENDRE ET APPRENDRE**
En PS, reformuler quelques éléments de l'histoire.
En MS, raconter une scène de l'histoire.

► **COMMENCER À PRODUIRE DES ÉCRITS ET EN DÉCOUVRIR LE FONCTIONNEMENT**
Participer verbalement à la production d'un écrit en commençant à dicter à l'adulte.

PETIT GROUPE • 20 MINUTES

Matériel Des images : les personnages et le ballon.

1 En amont de cette séance, de grandes peintures aux couleurs de l'automne ont été réalisées par les élèves. Autant de format A3 que d'élèves ont été découpés pour servir de support à l'illustration de l'histoire *Trotro et le hérisson*.

2 Chacun choisit des images (personnages, ballon gonflé ou crevé), les colle sur sa feuille et dicte à l'adulte le texte pour raconter une scène de l'histoire. Les productions sont lues à la classe et mises en valeur dans un espace réservé à Trotro.

étape 4

Entendre et comprendre d'autres histoires de la série

► **ÉCOUTER DE L'ÉCRIT ET COMPRENDRE**
Comprendre un texte écrit illustré, lu par l'enseignant.

PETITS GROUPES ET GRAND GROUPE • 15 MINUTES
SÉANCES RÉPÉTÉES PENDANT TOUTE UNE PÉRIODE

Matériel De nombreux albums de Trotro, des films d'animation de Trotro.

1 Lecture répétée d'albums de la série Trotro avec exploration de la manière dont chacun a compris et lectures sans exploration de la compréhension.

2 Échanges avec et entre les élèves pour comprendre ce qui n'est pas explicite. Aide à la compréhension des états mentaux des personnages. Explicitation des relations de causalité. Construire progressivement des affichages pour mémoriser les livres lus : les couvertures + le début et la fin de l'histoire et les personnages de la série.

étape 5

Raconter ou se raconter une histoire de Trotro

► **ÉCOUTER DE L'ÉCRIT ET COMPRENDRE**
Feuilleter un album connu pour raconter ou se raconter une histoire.

PETIT GROUPE • 15 MINUTES
SÉANCE RÉPÉTÉE PENDANT 2 SEMAINES
AU MOMENT DE L'ACCUEIL.

Matériel Des albums de Trotro.

1 Demander à chaque élève du groupe de choisir un album de Trotro et de venir le raconter à la marionnette de la classe qui les attend au coin livres. En PS, les élèves formulent quelques éléments de l'histoire en s'appuyant sur la succession des images de l'album.

2 Soutenir les productions des élèves, enrichir leur expression, préciser l'emploi des connecteurs ou du lexique.
Avec les élèves plus fragiles, l'enseignant allège la charge de travail en prenant en charge la narration tout en veillant à leur laisser la possibilité d'intervenir au cours du récit.

Mise en place progressive d'un coin Trotro avec affichage des référents communs : les personnages, les images des couvertures des livres lus, les marottes, les différents livres, les travaux d'élèves… Constitution d'une boite à histoires que les élèves pourront amener à la maison.

Toc, toc, toc...

Toc, toc, toc, Monsieur Pouce
Toc, toc, toc, Monsieur Pouce es-tu là?
Chut! Je dors.
Toc, toc, toc, Monsieur Pouce es-tu là?
Chut! Je dors encore!
Toc, toc, toc, Monsieur Pouce es-tu là?
Hop! je sors.

Auteur inconnu

étape 1 (reprise plusieurs fois)

Mémoriser et dire le jeu de doigts

▸ **COMPRENDRE ET APPRENDRE**
Être attentif lors de l'écoute d'une comptine.

GRAND GROUPE AVEC LES ÉLÈVES VOLONTAIRES EN DÉBUT D'ANNÉE ET PETIT GROUPE • 5 MINUTES.

Matériel Une gommette qui représente le visage de Monsieur Pouce est collée sur le pouce de chaque élève.

1 L'enseignant colle une gommette de Monsieur Pouce sur son pouce et joue avec lui comme avec une marionnette. Le pouce se présente, se montre, se cache et demande à certains élèves leur prénom. La comptine Toc, toc, toc, Monsieur Pouce est jouée devant les élèves.

2 Chacun colle une gommette sur son pouce, le cache, le montre puis effectue les gestes pendant que l'enseignant dit la comptine. Progressivement, les élèves participent verbalement au jeu au cours des regroupements.

étape 2 (reprise plusieurs fois)

Transformer le jeu de doigts

▸ **OSER ENTRER EN COMMUNICATION**
Oser parler à l'école.

GRAND GROUPE AVEC LES ÉLÈVES VOLONTAIRES EN DÉBUT D'ANNÉE ET PETIT GROUPE • 5 MINUTES.

Matériel Une figurine d'ours en plastique par élève.

Ces jeux se mettent en place au cours des deux premières périodes de l'année en fonction des besoins des élèves et une fois que le jeu de doigts original est bien connu.

1 Jeu avec les prénoms de la classe. L'élève appelé cache ses yeux avec ses mains puis répond aux questions de l'enseignant.

2 Jeu avec la famille de Petit Ours Brun. Chacun place une figurine d'ours en plastique dans sa main et participe au jeu.

3 Jeu pour faire l'appel et apprendre les prénoms des autres élèves de la classe.

Jeu avec les prénoms de la classe
Toc, toc, toc, Monsieur *-Prénom de l'élève-* es-tu là?
- Chut! Je dors...

Jeu avec papa et maman Ours
- Toc, toc, toc, Maman Ours *-ou Papa Ours en jouant sur sa voix-* es-tu là?
- Chut! Je dors...

Jeu avec Petit Ours Brun
- Toc, toc, toc, Petit Ours es-tu là?
- Chut! Je frappe des mains.
- Toc, toc, toc, Petit Ours es-tu là?
- Chut! Je tape des pieds.
- Hop! Je sors.

Jeu pour faire l'appel
- Toc, toc, toc, Monsieur *-Prénom de l'élève-* es-tu là?
- Chut! Je baille.
- Toc, toc, toc, Monsieur *-Prénom de l'élève-* es-tu là?
- Chut! Je m'étire.
- Toc, toc, toc, Monsieur *-Prénom de l'élève-* es-tu là?
- Hop! Je me lève.

étape 3 (reprise plusieurs fois)

Mémoriser et dire d'autres versions du jeu de doigts

▸ **COMPRENDRE ET APPRENDRE**
Avoir mémorisé un répertoire varié de comptines et de chansons.

GRAND GROUPE • 5 MINUTES.

Matériel Une petite voiture par élève, une gommette où est représentée une tête de loup, une gommette où est représentée le visage de Boucle d'or.

Au cours de l'année, plusieurs variantes de la comptine sont amenées par l'enseignant dans le cadre des différentes séquences proposées.

1 ***Toc, toc, toc, Monsieur Loup.*** Dans le cadre de la séquence *Loup y es-tu?*, les élèves réactivent le vocabulaire lié aux différents vêtements et aux couleurs.

2 ***Toc, toc, toc, Boucle d'or.*** Cette version de la comptine permet de situer les actions de Boucle d'or dans les différentes pièces de la maison (boite à histoires *Les trois ours*).

3 ***Toc, toc, toc, Monsieur Sam.*** Dans le cadre de la séquence *Vroum! Vroum!*, les élèves utilisent le jeu de doigts pour mettre en scène Sam, le héros de l'album *Ma voiture*.

4 ***Toc, toc, Monsieur Croc!*** La structure répétitive de l'album facilite la mémorisation du texte et sa mise en scène. Les élèves peuvent aussi mimer les actions de Monsieur Croc en disant certaines répliques.

Toc, toc, toc, Boucle d'or

Toc, toc, toc, Boucle d'or où es-tu?
Chut! Je suis dans la forêt.
Toc, toc, toc, Boucle d'or où es-tu?
Chut! Je suis dans la maison des trois ours.
Toc, toc, toc, Boucle d'or où es-tu?
Chut! Je suis dans la cuisine.
Toc, toc, toc, Boucle d'or où es-tu?
Chut! Je suis dans le salon.
Toc, toc, toc, Boucle d'or où es-tu?
Chut! Je suis dans la chambre.
Toc, toc, toc, Boucle d'or où es-tu?
Chut! Je suis dans le lit de petit ours.
Toc, toc, toc, Boucle d'or où es-tu?
Ah! Je me sauve!

Toc, toc, toc, Monsieur Sam

Toc, toc, toc, Monsieur Sam es-tu là?
(Chaque enfant tient une petite voiture cachée dans sa main.)

Chut! Je conduis ma voiture
(Faire semblant de tenir le volant.)

Toc, toc, toc, Monsieur Sam es-tu là?
Chut! Je mets mes essuie-glaces.
(Mimer les essuie-glaces avec ses mains.)

Toc, toc, toc, Monsieur Sam es-tu là?
Chut! J'allume mes phares
(Ouvrir ses yeux en grand.)

Toc, toc, toc, Monsieur Sam es-tu là?
Chut! Je suis en panne.

Toc, toc, toc, Monsieur Sam es-tu là?
Chut! Je répare ma voiture

Toc, toc, toc Monsieur Sam es-tu là?
Houpi! je pars en voyage.

Toc, toc, Monsieur Croc!
Jo Lodge © Milan jeunesse 2007.

Un livre animé qui permet de suivre Monsieur Croc tout au long de la matinée: le lever, le petit-déjeuner, la toilette, la lecture et le déjeuner.

Toc, toc, toc, Monsieur Loup

Toc, toc, toc, Monsieur Loup es-tu prêt?
Non, attends! Je mets mon pantalon bleu.
Toc, toc, toc, Monsieur loup es-tu prêt?
Non, attends! Je mets mon pull jaune.
Toc, toc, toc, Monsieur loup es-tu prêt?
Non, attends! Je mets mon manteau noir.
Toc, toc, toc, Monsieur loup es-tu prêt?
Non, attends! Je mets mon chapeau vert.
Toc, toc, toc, Monsieur loup es-tu prêt?
Non, attends! J'enfile mes bottes rouges.
Toc, toc, toc, Monsieur loup es-tu prêt?
Oui... Et je vais t'attraper!

JOUONS AU COIN CUISINE

Scènes du quotidien

Situation motivante

Au coin cuisine, les élèves aiment reproduire des scènes de la vie quotidienne et retrouver des objets familiers. Ils jouent des rôles familiaux connus (père, mère) puis font agir d'autres personnages (bébé, petit frère, petite sœur, grand-père, grand-mère) si des poupées ou des poupons sont mis à disposition.

Objectifs langagiers

Les jeux au coin cuisine permettent à l'enseignant d'avoir des moments privilégiés pour observer ses élèves. Cette observation doit aider à la définition des objectifs langagiers visés et à l'anticipation des éléments de différenciation nécessaires au cours des séances qui suivront.
Dans ces situations de jeu au coin cuisine, l'élève parle parfois seul, il dialogue avec lui-même. Certains qui échangent peu avec les autres ou avec l'adulte se révèlent parleurs lorsqu'ils jouent seuls. Cet auto-langage contribue à la construction de la pensée. L'enseignant va aussi rejoindre ses élèves dans leurs jeux, relancer leurs dialogues, faire évoluer leurs scénarios. Si nécessaire, il apporte les outils linguistiques utiles pour penser les jeux : rôles possibles, noms des ustensiles, verbes d'actions.

Place dans la programmation

L'objectif de cette séquence est de permettre aux élèves de s'approprier le matériel et de mettre en place les premiers jeux symboliques.
De nouveaux scénarios seront introduits dans les séquences qui suivront au cours de l'année : mettre le couvert, faire la vaisselle, préparer la soupe.

Mobiliser le langage dans toutes ses dimensions

	L'ORAL
✗	Oser entrer en communication
✗	Comprendre et apprendre
✗	Échanger et réfléchir avec les autres
	Commencer à réfléchir sur la langue et acquérir une conscience phonologique

	L'ÉCRIT
✗	Écouter de l'écrit et comprendre
	Découvrir la fonction de l'écrit
✗	Commencer à produire des écrits et en découvrir le fonctionnement
	Découvrir le principe alphabétique
	Commencer à écrire tout seul

SÉANCE 1
Langage oral

ÉCHANGER, S'EXPRIMER EN SITUATION DE JEU

▸ **Oser entrer en communication**
Utiliser le langage dans des jeux à plusieurs au coin cuisine.

SÉANCE 2
Langage oral

PARLER ENSEMBLE POUR RÉSOUDRE UN PROBLÈME DE RANGEMENT

▸ **Échanger et réfléchir avec les autres**
Participer verbalement à un projet : ranger le coin cuisine.
Proposer des solutions pour résoudre un problème : *comment ranger le coin cuisine ?*

SÉANCE 3
Langage oral

EXPLIQUER À LA MARIONNETTE COMMENT RANGER LE COIN CUISINE

▸ **Échanger et réfléchir avec les autres**
Expliquer ce que l'on doit faire pour ranger le coin cuisine.
Formuler des règles et des consignes de rangement.

SÉANCE 4
Langage oral
Langage écrit

S'APPROPRIER UN NOUVEAU SCÉNARIO POUR JOUER AU COIN CUISINE

▸ **Comprendre et apprendre**
Être attentif lors de l'écoute d'une histoire longue et la comprendre.

▸ **Écouter de l'écrit et comprendre**
Feuilleter un album connu pour raconter ou se raconter l'histoire.

En MS, production de textes écrits avec dictée à l'adulte

▸ **Commencer à produire des écrits et en découvrir le fonctionnement**
Savoir que l'on n'écrit pas comme on parle.
À la fin de la séquence, par petits groupes ou en demi-classes, les élèves dictent à l'adulte un écrit destiné aux parents pour leur présenter ce qu'ils font à l'école à travers l'aménagement du coin cuisine : jeux au coin cuisine, rangements du coin cuisine, lectures d'histoires sur ce thème. Ils dictent à l'adulte des phrases pour légender les photos qui seront présentées dans le cahier de vie. Chaque groupe est chargé de la rédaction de la légende d'une photo. Ces textes sont mis en commun lors d'un regroupement puis valorisés dans le cahier de vie.

Réactivation - Transferts

Selon les besoins, suggérer de nouveaux scénarios de jeu : préparer un repas, un gouter ou un biberon, mettre la table, faire la vaisselle, préparer un gâteau, des crêpes ou de la soupe.

ÉCHANGER, S'EXPRIMER EN SITUATION DE JEU

FONCTION DU LANGAGE MOBILISÉE

Imaginative
Pour créer son propre environnement, inventer son monde.

SCÈNE DE LANGAGE

En petit groupe, les élèves explorent le coin cuisine. Ils manipulent les ustensiles, la vaisselle, les aliments en plastique.
Certains élèves commentent leurs actions, d'autres disent ce qu'ils envisagent de faire. Progressivement, des échanges courts s'installent avec l'adulte et entre les élèves pour demander un ustensile, commenter les actions.
L'enseignant joue le rôle du papa ou de la maman qui prépare le repas pour les élèves puis les rôles sont inversés.

OBJECTIF LANGAGIER

Utiliser le langage dans des jeux à plusieurs au coin cuisine.

CONDUITES LANGAGIÈRES

Établir le contact, commenter, dialoguer.

LEXIQUE ET SYNTAXE MOBILISÉS

Langage en réception

Acquérir un vocabulaire pertinent concernant les actes du quotidien pour pouvoir jouer au coin cuisine : *la vaisselle, les aliments mis à disposition.*

Langage en production

Produire des phrases correctes même très courtes pour commenter ses actions en jouant et expliquer à l'enseignant ce que l'on fait.

PETIT GROUPE DE 5 À 6 ÉLÈVES
10 à 20 minutes

MATÉRIEL ET SUPPORTS

★ Le mobilier du coin cuisine, la vaisselle, des paniers de rangement, des aliments en plastique.

L'aménagement du coin cuisine se fait progressivement au cours du trimestre en y impliquant tous les élèves.

SCÉNARIO

- L'enseignant s'installe avec les élèves au coin cuisine et assure la mise en place d'un scénario où il va être la maman ou le papa cuisinant un repas, le dégustant. Dans ce jeu de *faire semblant*, l'adulte verbalise ce qu'il fait (préparation d'une recette), ce qu'il ressent (température d'un plat, trop chaud ou pas assez; gout de certains mets, trop salé, pas assez sucré), et échange avec les élèves qui jouent le rôle des élèves puis celui du papa ou de la maman.
- Progressivement, les élèves construisent eux-mêmes leurs propres scénarios, voire reprennent partiellement ou complètement celui initié par l'enseignant. L'introduction de poupons permet de relancer l'activité: jouer le rôle d'un adulte qui prépare le biberon.

RÔLE DE L'ENSEIGNANT

- Parler de ce qui est en train de se faire.
- Commenter sa propre action, l'action de l'élève.
- Laisser le temps, accepter les silences pour favoriser les prises de parole des élèves.

TÂCHE DES ÉLÈVES

- Se familiariser avec le coin cuisine. Les élèves manipulent sans intention particulière, sortent beaucoup de matériel, jouent seuls. Ils essaient de reproduire des situations connues.
- Répondre aux sollicitations de l'adulte par une action, un mot, une phrase courte, prendre l'initiative d'un échange, même non verbal.
- Jouer différents rôles: un enfant, le papa, la maman, la nounou… Faire semblant de préparer un biberon ou des plats connus.

DIFFÉRENCIATION

- Tenter de décrypter l'expression de l'élève si elle est peu compréhensible, reformuler, préciser des mots.
- Faire répéter sans insister s'il n'est pas coopérant.
- Multiplier les échanges avec les élèves les plus fragiles. Apporter les éléments de langage nécessaires et adaptés à chacun.

CRITÈRES DE RÉUSSITE

- Cherche à communiquer et à être compris. Accepte un échange même non verbal.
- Répond verbalement à une sollicitation de l'adulte même de manière très brève.

PARLER ENSEMBLE
POUR RÉSOUDRE UN PROBLÈME DE RANGEMENT

FONCTION DU LANGAGE MOBILISÉE

Régulatrice
Pour contrôler le comportement d'autrui.

SCÈNE DE LANGAGE

En petit groupe, au coin cuisine, les élèves cherchent comment ranger l'espace, proposent des solutions au problème et expliquent en situation comment il faut ranger.

OBJECTIFS LANGAGIERS

Participer verbalement à un projet: ranger le coin cuisine.

Proposer des solutions pour résoudre un problème: comment ranger le coin cuisine?

CONDUITES LANGAGIÈRES
Échanger, écouter, expliquer, formuler des règles et des consignes.

LEXIQUE ET SYNTAXE MOBILISÉS
Langage en réception et en production

Se saisir d'un nouvel outil linguistique que l'enseignant lui fournit quand il lui manque, en situation, pour expliquer comment ranger la vaisselle et les aliments du coin cuisine.
Noms: étagère, buffet, évier, cuisinière, boite, crochet, panier.
Verbes: il faut, mettre, ranger, poser, empiler, mettre ensemble, accrocher.
Indicateurs spatiaux: ici, là, dans, à côté, sur, sous, en dessous, au-dessus.

PETIT GROUPE DE LANGAGE DE 6 ÉLÈVES
10 à 20 minutes

MATÉRIEL ET SUPPORTS
- ★ La vaisselle, des paniers de rangement, des aliments en plastique.
- ★ Des photographies plastifiées des différents éléments à ranger dans le coin cuisine.

Phase 1 EN COLLECTIF

Le désordre règne au coin cuisine. Il faut ranger !

RÔLE DE L'ENSEIGNANT

- Questionner pour savoir comment ranger le coin cuisine.
- Demander aux élèves de nommer les ustensiles puis de les catégoriser.

TÂCHE DES ÉLÈVES

- Proposer des solutions au problème posé : lieu de rangement pour chaque catégorie d'objet, critères de classement.

DIFFÉRENCIATION

- En MS, les élèves proposent de ranger, font des propositions d'organisation et verbalisent les critères de classement.
- En PS, c'est la compréhension de la nécessité de ranger qui prime. Le langage s'acquiert dans l'action en accumulant un capital d'expériences qui permettront de pouvoir ensuite anticiper.

Phase 2 AVEC UN GROUPE

RÔLE DE L'ENSEIGNANT

- Demander de ranger d'abord une catégorie d'objets : les couverts par exemple.
- Observer les réponses, poser des questions ouvertes, relancer les échanges, apporter du vocabulaire en contexte, inciter à parler en continu en formant des phrases.

TÂCHE DES ÉLÈVES

- Proposer des réponses à la question posée.
- Expliquer ce qu'ils font ou veulent faire. Utiliser le vocabulaire apporté par l'enseignant ou par ses camarades. Se mettre d'accord sur les moyens à disposition pour ranger.
- En situation, expliquer à l'adulte ou à un camarade où il doit ranger un objet.
- En fin de séance, dire ce que l'on a appris.

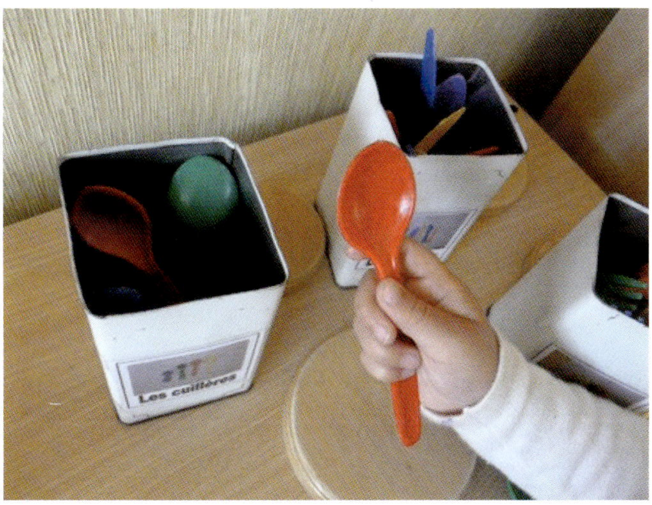

CRITÈRES DE RÉUSSITE

- **Explique à l'adulte ce qu'il fait ou ce qu'il veut faire.**
- **Utilise un vocabulaire pertinent.**

EXPLIQUER À LA MARIONNETTE COMMENT RANGER LE COIN CUISINE

FONCTION DU LANGAGE MOBILISÉE

Régulatrice
Pour contrôler le comportement d'autrui.

SCÈNE DE LANGAGE

Quelques élèves expliquent ce qu'il faut faire pour ranger le coin cuisine à la marionnette de la classe qui ne sait pas comment procéder.
En PS, les élèves entrent en relation duelle avec la marionnette pendant le rangement.

OBJECTIFS LANGAGIERS

Expliquer ce que l'on doit faire pour ranger le coin cuisine.

Formuler des règles et des consignes de rangement.

CONDUITES LANGAGIÈRES

Expliquer, donner des consignes, commenter.

LEXIQUE ET SYNTAXE MOBILISÉS

Langage en production

Utiliser un vocabulaire pertinent concernant les actes du quotidien : noms des ustensiles à ranger et des lieux de rangement.
Utiliser les outils linguistiques du discours prescriptif: il faut + infinitif, il ne faut pas + infinitif ou verbes au présent de l'indicatif (tu prends la boite, tu mets les fourchettes).
Verbes Prendre, mettre ensemble, mettre avec, mettre dans, ranger dans, ranger avec.

PETITS GROUPES DE LANGAGE

20 minutes

MATÉRIEL ET SUPPORTS

★ La vaisselle, des paniers de rangement, des aliments en plastique.

RÔLE DE L'ENSEIGNANT

- Manipuler et prêter sa voix à la marionnette de la classe qui veut aider les élèves à ranger à la fin du jeu.
- Demander à chacun de ranger et d'expliquer à la marionnette comment faire.
- Si besoin, la marionnette reformule ce qui est dit par les élèves. Elle ne comprend pas toujours les consignes et peut demander des explications supplémentaires. Elle range en commettant des erreurs qui doivent faire réagir les élèves.

TÂCHE DES ÉLÈVES

- En PS, en relation duelle, expliquer à la marionnette comment ranger une catégorie d'objets lorsqu'elle vient les questionner lors du rangement.
- En MS, dans le cadre du groupe, expliquer à la marionnette comme faire pour ranger. Observer la marionnette qui range sans faire de commentaires. Quand le rangement est terminé, vérifier et commenter les actions réalisées. Reformuler et préciser les consignes si besoin.

DIFFÉRENCIATION

- L'enseignant adapte ses exigences aux besoins de chacun.

CRITÈRES DE RÉUSSITE

- **Produit une ou des phrases correctes pour expliquer à la marionnette comment ranger certains ustensiles du coin cuisine.**

S'APPROPRIER UN NOUVEAU SCÉNARIO
POUR JOUER AU COIN CUISINE

FONCTION DU LANGAGE MOBILISÉE

Imaginative
Pour créer son propre environnement, inventer son monde.

SCÈNE DE LANGAGE

Quelques élèves écoutent puis disent ce qu'ils ont compris d'une histoire racontée par l'enseignant sans le support du livre. Ils essayent de raconter l'histoire à un groupe qui ne la connait pas. Les élèves s'approprient des éléments des histoires entendues pour jouer au coin cuisine.

OBJECTIFS LANGAGIERS

Être attentif lors de l'écoute d'une histoire longue et la comprendre.

Feuilleter un album connu pour raconter ou se raconter l'histoire.

CONDUITES LANGAGIÈRES

Écouter, comprendre, raconter, décrire, formuler des hypothèses.

LEXIQUE ET SYNTAXE MOBILISÉS

Langage en réception
Acquérir un vocabulaire pertinent concernant les actes du quotidien pour comprendre une histoire racontée par l'enseignant.

Langage en production
Reformuler quelques éléments de l'histoire écoutée en produisant des phrases correctes, même très courtes. Réinvestir le vocabulaire découvert lors des séances précédentes.

UN GROUPE DE 6 À 10 ÉLÈVES POUR CHAQUE ALBUM

20 minutes

MATÉRIEL ET SUPPORTS

★ Trois albums : *Petit Ours Brun joue à la dinette*, *L'âne Trotro prépare le petit-déjeuner*, *T'choupi et la cuisine*.

★ Les diaporamas correspondant à deux de ces albums **(pages 46 et 47 et)**.

Petit Ours Brun joue à la dinette
Danièle Bour
© Bayard Presse 2001

L'âne Trotro prépare le petit-déjeuner
Bénédicte Guettier
© Gallimard jeunesse 2007

T'choupi et la cuisine
Thierry Courtin
© Éditions Nathan 2012

Phase 1 ÉCOUTER ET COMPRENDRE DES HISTOIRES RACONTÉES PAR L'ENSEIGNANT

RÔLE DE L'ENSEIGNANT

- Raconter l'histoire sans montrer les images.
- Présenter ensuite toutes les illustrations en utilisant le diaporama **(pages 46 et 47 et** ☁**)**. Recueillir les premiers essais de rappel de récit des élèves.
- Raconter l'histoire en montrant les images.
- Rendre explicite les relations de causalité. Signaler les indices qui aident à interpréter certaines scènes. Reformuler certains passages et résumer oralement l'histoire.
- Accueillir favorablement toutes les réactions.

TÂCHE DES ÉLÈVES

- Écouter et comprendre une histoire racontée par l'adulte.
- Dire ce que l'on a compris de l'histoire.

DIFFÉRENCIATION

- Avec les élèves les plus fragiles, l'enseignant propose de feuilleter l'album au coin livres pour se raconter l'histoire ou la raconter à la marionnette de la classe.
- Soutenir les productions des élèves, enrichir leur expression, préciser l'emploi des connecteurs ou du lexique.

Phase 2 EN MS, RACONTER L'HISTOIRE À UN GROUPE D'ÉLÈVES QUI NE LA CONNAIT PAS

RÔLE DE L'ENSEIGNANT

- Demander à chaque groupe de raconter l'histoire qu'il connait en se répartissant la tâche.
- Soutenir les productions des élèves, enrichir leur expression. Préciser l'emploi des connecteurs ou du lexique.

TÂCHE DES ÉLÈVES

- En PS, reformuler quelques éléments de l'histoire en visionnant le diaporama.
- En MS, raconter l'histoire en s'appuyant sur les images du diaporama.

DIFFÉRENCIATION

- Avec les plus jeunes, l'objectif se limite au travail de compréhension de l'histoire dans le cadre du petit groupe.
- L'enseignant allège la charge de travail en racontant l'histoire tout en veillant à laisser aux élèves la possibilité d'intervenir au cours du récit.

L'âne Trotro prépare le petit-déjeuner
Bénédicte Guettier
© Gallimard jeunesse 2007

CRITÈRES DE RÉUSSITE

- **S'exprime de manière compréhensible.**
- **Reformule quelques éléments de l'histoire.**

Petit Ours Brun joue à la dinette
Danièle Bour

DIAPORAMA **Séance 4**

Petit Ours Brun joue à la dinette

OBJECTIFS LANGAGIERS

- Comprendre une histoire proche de son vécu racontée par l'enseignant.
- Identifier les personnages d'une histoire.
- Reformuler quelques éléments de l'histoire en s'appuyant sur la succession des images.

LEXIQUE ET SYNTAXE MOBILISÉS

Langage en réception

Réinvestir le vocabulaire concernant les actes du quotidien pour comprendre un récit simple.

Comprendre le récit, le reformuler. Répondre à des questions simples en étant guidé par l'enseignant.

Langage en production

Reformuler quelques éléments de l'histoire écoutée en produisant des phrases correctes, même très courtes lors de sa narration à la marionnette de la classe.

Noms: dinette, assiette, fourchette, verre, purée, bifteck, dessert.

Adjectifs: foncée, belles, beaux, délicieux.

Marqueurs de temps: d'abord.

Expressions: faire semblant.

Petit Ours Brun veut jouer à la dinette.
Il dit: « D'abord, il faut des assiettes. »

Petite Ourse Rousse apporte des fourchettes.
Elle dit: « Moi, je sais bien les mettre. »

Petit Ours Brun ne trouve pas de verres.
Il dit: « On dirait qu'on n'aurait pas soif. »

Petite Ourse Rousse ramasse de la terre.
Elle dit: « Ça, c'est de la purée très foncée. »

Petit Ours Brun cherche des belles pierres.
Il dit: « Et ça, ça fait des beaux biftecks. »

Petite Ourse Rousse fait semblant de manger.
Elle dit: « Humm, c'est délicieux, monsieur. »

Petit Ours Brun est d'accord.
Mais, pour le dessert, il dit: « On pourrait prendre des glaces du frigo? »

L'âne Trotro prépare le petit-déjeuner
Bénédicte Guettier

DIAPORAMA **Séance 4**

L'âne Trotro prépare le petit-déjeuner

OBJECTIFS LANGAGIERS

- Comprendre une histoire comprenant des dialogues.
- Identifier les personnages d'une histoire.
- Reformuler quelques éléments de l'histoire en s'appuyant sur la succession des images.
- En MS, raconter une histoire proche de son vécu.

LEXIQUE ET SYNTAXE MOBILISÉS

Langage en réception

Comprendre le récit, le reformuler. Répondre à des questions simples en étant guidé par l'enseignant.

Acquérir un vocabulaire pertinent concernant les actes du quotidien pour comprendre un récit simple.

Noms : petit-déjeuner, les noms des aliments du petit-déjeuner.

Verbes : décider, préparer, apporter, placer, ajouter, porter, se lever, avoir droit.

Marqueurs de temps : ce matin, longtemps, trop tôt.

Langage en production

En MS, reformuler quelques éléments de l'histoire écoutée en produisant des phrases correctes, même très courtes lors de sa narration à un groupe d'enfants ne la connaissant pas.
Reformuler certains dialogues en utilisant les pronoms personnels adéquats.
En MS, utiliser les déterminants possessifs : sa maman, son papa, ses parents.

Ce matin, Trotro veut faire une surprise à ses parents. Il a décidé de leur apporter leur petit-déjeuner au lit.
Dans le placard de la cuisine, il trouve plein de bonnes choses.
Sur un joli plateau, il place du pain beurré, de la confiture et deux jus d'orange.
Il y ajoute quelques fleurs du jardin. Et voilà !
Le plateau est magnifique, Trotro le porte dans la chambre de ses parents.
Mais le lit est tout fait et ses parents sont levés depuis longtemps.
Trotro retourne dans la cuisine. Sa maman est là. « Quel beau plateau ! » dit-elle. « Tu as préparé ton petit-déjeuner tout seul, Trotro ? »
Trotro est tout fier. « Oui ! » dit-il. « Et si demain vous ne vous levez pas trop tôt, vous aussi, vous aurez droit à un petit-déjeuner Trotro ». Et sur ce, il boit ses deux jus d'orange.

TROTRO VA À L'ÉCOLE

Scènes en série

Situation motivante

Parmi les moyens privilégiés de l'école maternelle pour que chacun ait un espace de parole, une grande place est accordée à ces jeux de faire semblant qui font qu'un enfant devient *autre* pour quelques instants. Ici, les élèves vont jouer le rôle d'un papa ou d'une maman qui prépare leur enfant (la marionnette de Trotro ou une poupée du coin chambre) pour aller à l'école.

Objectifs langagiers

Les jeux de faire semblant nécessitent le langage, parfois avec des énoncés tâtonnants mais extrêmement complexes. C'est pourquoi il est important que l'enseignant rejoigne ces jeux pour y intervenir, relancer les dialogues, faire évoluer le scénario joué par les personnages. La séquence permet aussi de mettre des mots sur les sentiments, les états d'âme et les émotions de plusieurs héros appréciés des jeunes enfants.

Place dans la programmation

Les élèves connaissent le personnage de Trotro qu'ils ont découvert à travers sa marionnette au cours de la séquence « *Bonjour, je m'appelle Trotro !* ».

Tout au long de l'année, ils retrouveront ce personnage dans plusieurs albums, diaporamas et dessins animés. Ils pourront progressivement découvrir son univers et apprendront à évoquer ses aventures.

Mobiliser le langage dans toutes ses dimensions

	L'ORAL		L'ÉCRIT
✗	Oser entrer en communication	✗	Écouter de l'écrit et comprendre
✗	Comprendre et apprendre		Découvrir la fonction de l'écrit
✗	Échanger et réfléchir avec les autres		Découvrir le principe alphabétique
	Commencer à réfléchir sur la langue et acquérir une conscience phonologique		Commencer à écrire tout seul

SÉANCE 1
Langage oral

COMPRENDRE LE SCÉNARIO JOUÉ PAR L'ENSEIGNANT : TROTRO VA À L'ÉCOLE

▸ **Comprendre et apprendre**
Être attentif lors de l'écoute d'une histoire courte jouée par l'enseignant.

▸ **Échanger et réfléchir avec les autres**
Participer verbalement à un projet, proposer des solutions pour résoudre un problème.

SÉANCE 2
Langage oral

S'APPROPRIER LE SCÉNARIO EN JOUANT AU COIN POUPÉES

▸ **Oser entrer en communication**
Utiliser le langage dans des jeux à plusieurs pour préparer la poupée qui va à l'école.
Dire ce que l'on fait ou ce que fait un camarade : commenter et décrire des actions simples.

SÉANCE 3
Langage oral
Langage écrit

RACONTER UNE HISTOIRE PROCHE DE SON VÉCU : TROTRO VA À L'ÉCOLE

▸ **Écouter de l'écrit et comprendre**
Comprendre un texte lu par l'enseignant.

▸ **Comprendre et apprendre**
En PS, reformuler quelques éléments de l'histoire écoutée.
En MS, raconter une histoire.

SÉANCE 4
Langage oral
Langage écrit

COMPRENDRE ET RACONTER DES HISTOIRES PLUS COMPLEXES

▸ **Comprendre et apprendre**
Être attentif lors de l'écoute d'une histoire longue et la comprendre.

▸ **Écouter de l'écrit et comprendre**
Feuilleter un album connu pour raconter ou se raconter l'histoire.

Réactivation - Transferts

- Apprendre des jeux de doigts et des comptines **(Scènes à jouer page 59)** sur la thématique de la rentrée.
- Réinvestir les apprentissages réalisés (vocabulaire, marqueurs de temps notamment) dans les séances qui auront pour objectif de construire les premiers repères temporels sur la journée et principalement la matinée à l'école en PS.

COMPRENDRE LE SCÉNARIO
JOUÉ PAR L'ENSEIGNANT : TROTRO VA À L'ÉCOLE

FONCTIONS DU LANGAGE MOBILISÉES

Interpersonnelle
Pour entrer en relation avec autrui.

Imaginative
Pour créer son propre environnement, inventer son monde.

SCÈNE DE LANGAGE

Dans le coin poupées, les élèves découvrent, en petit groupe, la marionnette de Trotro qui est encore couchée dans son lit. Ils écoutent l'histoire racontée sans le support du livre et mise en scène par l'enseignant, essaient d'anticiper et commentent les actions de Trotro qui se réveille et se prépare pour aller à l'école.

OBJECTIFS LANGAGIERS

Être attentif lors de l'écoute d'une histoire courte jouée par l'enseignant.

Participer verbalement à un projet, proposer des solutions pour résoudre un problème.

CONDUITES LANGAGIÈRES

Écouter, prendre la parole, commenter, répondre aux questions de l'enseignant, anticiper, proposer une solution.

LEXIQUE ET SYNTAXE MOBILISÉS

Langage en réception

Acquérir un vocabulaire pertinent concernant les actes du quotidien pour comprendre une histoire mise en scène par l'enseignant.
Noms : réveil, petit-déjeuner, bol, slip, pantalon, tee-shirt, cartable.
Verbes : se réveiller, se lever, se laver, s'habiller, enfiler, se préparer.
Expressions : prendre son petit-déjeuner, à tout à l'heure.

CLASSE ENTIÈRE PUIS JEU INDIVIDUEL AU COIN POUPÉES

10 minutes

MATÉRIEL ET SUPPORTS

★ Un réveil, un petit lit, un bol, une cuillère, les vêtements, un petit sac.
★ La marionnette de Trotro.

SCÉNARIO

- C'est le matin. Trotro (ou prénom de la marionnette de la classe) est dans son lit. Il dort. (Le réveil sonne). Allez Trotro, le réveil a sonné. Aujourd'hui, tu vas à l'école! Il faut se lever et se préparer. Trotro est encore fatigué mais il aime bien aller à l'école. Il aime faire du vélo, il aime faire de la peinture, il aime jouer avec Lili et Boubou, et même faire la sieste! Il aime…
L'enseignant se tait pour laisser les élèves énumérer d'autres activités.
- Trotro prend son petit-déjeuner: du lait et des céréales. L'enseignant présente un bol avec des céréales, une cuillère.
- Trotro se lave puis s'habille. Il met son slip, il enfile son tee-shirt, il met son pantalon. Il enfile ses chaussures. Il prend son sac d'école, son cartable.
- Il va à l'école avec sa maman, son papa, sa grand-mère ou sa mamie, son grand-père ou son papy ou sa gardienne. Les élèves peuvent proposer d'autres noms d'accompagnateurs lors de mises en scène ultérieures. À tout à l'heure Trotro! Trotro est très content de retrouver sa maitresse et ses copains! Il pourra raconter à ses parents ce qu'il a fait à l'école.

RÔLE DE L'ENSEIGNANT

Le scénario est joué par l'enseignant, pendant une semaine, tous les jours, au coin poupées.

- Mettre en scène le scénario avec la marionnette de la classe (ici Trotro) et les objets nécessaires. Cette scène est répétée plusieurs fois avec le même personnage pour permettre aux élèves de s'approprier le récit et d'intervenir au cours de la narration.
- Raconter plusieurs fois cette histoire en changeant de personnage (avec un ours en peluche puis avec une poupée pour privilégier l'utilisation du pronom *elle*).

TÂCHE DES ÉLÈVES

- Écouter et comprendre le récit présenté.
- Répondre aux sollicitations de la marionnette.
- Anticiper les actions à effectuer, faire des propositions.
- Répondre aux questions simples de l'enseignant
- Utiliser le pronom personnel *il* quand c'est Trotro qui se prépare à aller à l'école et le pronom *elle* quand il s'agit d'une poupée.

DIFFÉRENCIATION

- Pour prévenir les difficultés, le scénario va être joué plusieurs fois en priorité avec les élèves les plus fragiles.

Trotro prend son petit-déjeuner.

Au petit-déjeuner, Trotro mange des céréales.

CRITÈRES DE RÉUSSITE

- Répond aux sollicitations de l'adulte en se faisant comprendre.
- Réagit en s'en tenant au sujet exprimé.

S'APPROPRIER LE SCÉNARIO EN JOUANT AU COIN POUPÉES

FONCTIONS DU LANGAGE MOBILISÉES

Interpersonnelle
Pour entrer en relation avec autrui.

Imaginative
Pour créer son propre environnement, inventer son monde.

SCÈNE DE LANGAGE

Dans le coin poupées, en petit groupe, les élèves aident Trotro et les poupées à se préparer pour aller à l'école. Ils verbalisent et commentent leurs actions, dialoguent avec leurs camarades et avec l'enseignant qui participe au jeu.

OBJECTIFS LANGAGIERS

Utiliser le langage dans des jeux à plusieurs : aider les poupées à se préparer pour aller à l'école.

Dire ce que l'on fait ou ce que fait un camarade : commenter et décrire des actions simples.

CONDUITES LANGAGIÈRES

Établir le contact, prendre la parole, commenter ses actions, répondre aux questions de l'enseignant, anticiper, expliquer, donner des consignes à un camarade ou à l'enseignant.

LEXIQUE ET SYNTAXE MOBILISÉS

Langage en production

Se saisir d'un nouvel outil linguistique, lexical ou syntaxique, que l'enseignant lui fournit quand il lui manque, en situation, pour exprimer ce qu'il a à dire lors des jeux au coin poupées.

Marqueurs de temps : maintenant, après.

Pronoms : il, elle.

Verbes : se réveiller, se lever, se laver, s'habiller, prendre son petit-déjeuner, enfiler, se préparer.

SITUATION DUELLE AU COIN POUPÉES DANS LE CADRE D'UN PETIT GROUPE

20 minutes

MATÉRIEL ET SUPPORTS

★ Un réveil, un petit lit, des bols, des cuillères, des vêtements, des petits sacs.
★ La marionnette de Trotro, des peluches, des poupées.

RÔLE DE L'ENSEIGNANT

- Jouer avec les élèves au coin poupées.
- Leur parler et engager le dialogue.
- Solliciter les non parleurs, valoriser toute prise de parole.
- Commenter les actions de chacun en utilisant des verbes précis, en décrivant les objets, en expliquant les étapes du scénario.
- Traduire et reformuler les propos des élèves.

TÂCHE DES ÉLÈVES

- Reproduire un scénario connu dans le coin poupées avec une peluche ou une poupée.
- Expliquer ce que l'on fait, ce que fait Trotro ou la poupée.
- Échanger avec un camarade ou un adulte dans le cadre d'une activité commune dans un même espace ou d'une activité à deux avec partage d'un même matériel.

DIFFÉRENCIATION

- Avec les élèves les plus fragiles, l'enseignant allège la charge de travail en reformulant le scénario tout en veillant à leur laisser la possibilité d'intervenir au cours du récit.

La poupée se réveille.

Elle prend son petit-déjeuner.

Il faut habiller la poupée avant d'aller à l'école.

CRITÈRES DE RÉUSSITE

- **Utilise les pronoms *il* ou *elle*.**
- **Utilise des verbes précis : se réveiller, se lever, s'habiller, aller à l'école…**

RACONTER UNE HISTOIRE PROCHE DE SON VÉCU : TROTRO VA À L'ÉCOLE

FONCTIONS DU LANGAGE MOBILISÉES

Interpersonnelle
Pour entrer en relation avec autrui.

Imaginative
Pour créer son propre environnement, inventer son monde.

SCÈNE DE LANGAGE

Un petit groupe d'enfants découvrent et commentent les images de l'album présenté par l'enseignant puis écoutent le texte qui est lu. Les enfants essayent de le jouer en mimant et en commentant les gestes de Trotro.

OBJECTIFS LANGAGIERS

Comprendre un texte écrit illustré lu par l'enseignant.

En PS, reformuler quelques éléments de l'histoire écoutée.

En MS, raconter une histoire.

CONDUITES LANGAGIÈRES

Écouter, comprendre, anticiper certaines actions de Trotro.
Reformuler quelques éléments de l'histoire écoutée.

LEXIQUE ET SYNTAXE MOBILISÉS

Langage en réception et en production

Produire des phrases correctes, même très courtes, pour reformuler quelques éléments de l'histoire lorsque la scène sera jouée.
Verbes : se réveiller, se lever, se laver, s'habiller, se préparer, prendre son petit-déjeuner.
Marqueurs de temps : maintenant, ensuite, après.

PETIT GROUPE DE 6 ÉLÈVES
15 minutes

MATÉRIEL ET SUPPORTS

★ L'album *Trotro va à l'école.*

Trotro va à l'école
Bénédicte Guettier
© Gallimard jeunesse 2001

Phase 1 COMPRENDRE LES IMAGES

RÔLE DE L'ENSEIGNANT

- Annoncer qu'il a apporté un nouveau livre et que les élèves vont d'abord regarder les images.
- Présenter toutes les illustrations de l'album en tournant les pages en silence.
- Recueillir les commentaires des élèves. Soutenir les essais de productions de chacun, reformuler, enrichir leur expression, préciser l'emploi de connecteurs (puis, après, ensuite) et du lexique.

TÂCHE DES ÉLÈVES

- Observer un livre d'images et traduire en mots ses observations.
- Établir des liens avec les activités vécues au coin poupées lors des séances précédentes.
- Réinvestir le vocabulaire connu pour commenter et décrire les actions de Trotro.

Phase 2 COMPRENDRE LE RÉCIT

RÔLE DE L'ENSEIGNANT

- Annoncer qu'il va lire le texte de l'album. Le lire sans montrer les images puis en montrant les illustrations.

TÂCHE DES ÉLÈVES

- Comprendre une histoire courte et simple lue par l'enseignant. Comparer avec leur vécu.

Phase 3 JOUER LA SCÈNE

RÔLE DE L'ENSEIGNANT

- Lire le texte de l'album et demander aux élèves de mimer les actions de Trotro.
- Proposer aux élèves de jouer la scène en verbalisant leurs actions.

TÂCHE DES ÉLÈVES

- Mimer les actions de Trotro pendant la lecture de l'enseignant.
- Raconter l'histoire en la jouant tous ensemble.

DIFFÉRENCIATION

- L'enseignant joue en même temps que les élèves. Il prend en charge la narration tout en veillant à leur laisser la possibilité d'intervenir au cours du récit.

Trotro se réveille.

Il prend son petit-déjeuner.

Il enfile son tee-shirt.

CRITÈRES DE RÉUSSITE

- **En PS, reformule quelques éléments de l'histoire écoutée.**
- **En MS, restitue les étapes essentielles du récit.**

COMPRENDRE ET RACONTER DES HISTOIRES PLUS COMPLEXES

FONCTION DU LANGAGE MOBILISÉE

Imaginative
Pour créer son propre environnement, inventer son monde.

SCÈNE DE LANGAGE

Plusieurs histoires sont racontées aux élèves au cours de la semaine.
Ces histoires traitent toutes de la rentrée ou de l'école. L'enseignant raconte chaque histoire à l'aide d'un diaporama présentant les illustrations des albums utilisés.
La semaine qui suit, par petits groupes au coin livres, chaque enfant choisit un livre puis essaye de se raconter ou de raconter l'histoire à la mascotte de la classe ou à un camarade en feuilletant l'album.

OBJECTIFS LANGAGIERS

Être attentif lors de l'écoute d'une histoire longue et la comprendre.

Feuilleter un album connu pour raconter ou se raconter une histoire.

CONDUITES LANGAGIÈRES

Écouter, comprendre, raconter, décrire, formuler des hypothèses.

LEXIQUE ET SYNTAXE MOBILISÉS

Langage en réception

Acquérir un vocabulaire pertinent concernant les actes du quotidien pour comprendre une histoire racontée par l'enseignant.

Langage en production

Reformuler quelques éléments de l'histoire écoutée en produisant des phrases correctes, même très courtes. Réinvestir le vocabulaire découvert lors des séances précédentes.

CLASSE ENTIÈRE (PHASE 1) PUIS INDIVIDUEL (PHASE 2) DANS LE CADRE DE PETITS GROUPES DE LANGAGE

20 minutes

MATÉRIEL ET SUPPORTS

- ★ Plusieurs albums évoquant l'école ou la première rentrée.
- ★ Les diaporamas de deux de ces albums **(pages 58 et 59 et sur ☁)**.

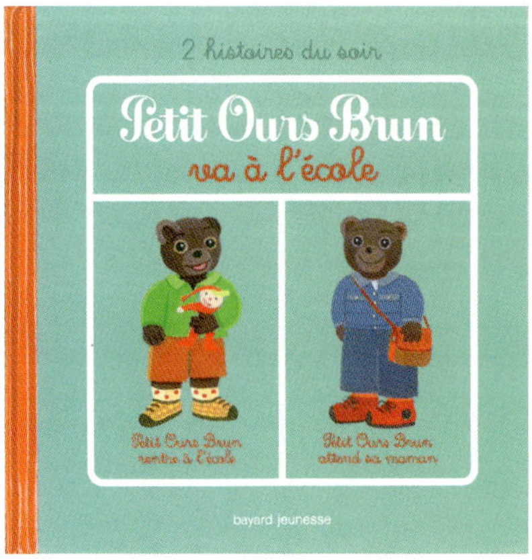

Petit Ours Brun va à l'école
Danièle Bour
© Bayard Presse 2008

Je veux pas aller à l'école
Stéphanie Blake
© Lutin poche 2008

Phase 1 ENTENDRE DES HISTOIRES SANS LE SUPPORT DES LIVRES

RÔLE DE L'ENSEIGNANT

- Dire chaque jour une histoire différente à l'ensemble de la classe en projetant les images du diaporama **(pages 58 et 59 et)**.
- Raconter l'histoire en montrant les images et sans lire le texte.
- Rendre explicite les relations de causalité, signaler les indices qui aident à interpréter certaines scènes, reformuler certains passages et résumer oralement l'histoire.
- Accueillir favorablement toutes les réactions des élèves.

TÂCHE DES ÉLÈVES

- Écouter et comprendre une histoire racontée par l'adulte.
- Dire ce que l'on a compris de l'histoire.
- Répondre à des questions ouvertes de l'enseignant.

Phase 2 RACONTER UNE HISTOIRE À LA MARIONNETTE DE LA CLASSE

RÔLE DE L'ENSEIGNANT

- Demander à chaque élève du groupe de choisir un album connu au coin livres puis de le raconter.
- Manipuler et prêter sa voix à la marionnette de la classe qui s'installe à côté d'un élève pour interagir avec lui pour comprendre l'histoire choisie.
- Soutenir les productions des élèves, enrichir leur expression, préciser l'emploi des connecteurs ou du lexique.

TÂCHE DES ÉLÈVES

- Feuilleter l'album de son choix. Se raconter ou raconter l'histoire en feuilletant l'album.
- En PS, reformuler quelques éléments de l'histoire en s'appuyant sur la succession des images de l'album.
- En MS, raconter l'histoire choisie à la marionnette de la classe.

DIFFÉRENCIATION

- Avec les élèves les plus fragiles, l'enseignant simplifie le travail en prenant en charge la narration tout en veillant à leur laisser la possibilité d'intervenir au cours du récit.

La rentrée de Trotro
Bénédicte Guettier
© Gallimard Jeunesse 2009

Crocolou aime l'école
Ophélie Texier
© Actes Sud Junior 2009

P'tit loup rentre à l'école
Orianne Lallemand et Éléonore Thuillier
© Auzou éveil 2013

CRITÈRES DE RÉUSSITE

- **S'exprime de manière compréhensible.**
- **Parle en continu en enchainant des phrases simples.**

Petit Ours Brun va à l'école
Danièle Bour

DIAPORAMA **Séance 4**

Petit Ours Brun va à l'école

OBJECTIFS LANGAGIERS

- Comprendre une histoire proche de son vécu racontée par l'enseignant.
- Identifier les personnages d'une histoire.
- Reformuler quelques éléments de l'histoire en s'appuyant sur la succession des images.

LEXIQUE ET SYNTAXE MOBILISÉS

Langage en réception

Acquérir un vocabulaire pertinent concernant les actes du quotidien pour comprendre un récit simple.

Noms : cour, maitresse.

Verbes : partir, emporter, oublier, accompagner, s'inquiéter.

Marqueurs de temps : aujourd'hui, maintenant.

Marqueurs d'espace : dans, autour, devant.

Expression : le jour de la rentrée.

Langage en production

Reformuler quelques éléments de l'histoire écoutée en produisant des phrases correctes, même très courtes lors de sa narration à la marionnette de la classe.

Aujourd'hui, c'est le jour de la rentrée !
Petit Ours Brun et sa maman sont très organisés.

Pour partir à l'école, Petit Ours Brun n'oublie rien.
Mais Maman dit : « Tu peux juste emporter Lutin (son doudou) ».

Papa Ours dit : « Je vous accompagne. »
Petit Ours Brun saute de joie : « Oui, on y va à trois ! ».

Petit Ours Brun se sent grand. Pour aller à l'école, il veut marcher tout seul.

Petit Ours Brun arrive devant l'école. Maintenant, il veut bien donner la main.

Dans la cour, Petit Ours Brun regarde autour de lui.
Il s'inquiète : « Ils vont tous à l'école, eux aussi ? »

La maitresse lui dit : « Bonjour, Petit Ours Brun. »
Il dit : « Je viens avec Lutin, et moi je suis grand ! »

Je veux pas aller à l'école
Stéphanie Blake

DIAPORAMA **Séance 4**

Je veux pas aller à l'école

OBJECTIFS LANGAGIERS

- Comprendre une histoire comportant des dialogues.
- Identifier les personnages d'une histoire.
- Reformuler quelques éléments de l'histoire en s'appuyant sur la succession des images.
- En MS, raconter une histoire proche de son vécu.

LEXIQUE ET SYNTAXE MOBILISÉS

Langage en réception

Acquérir un vocabulaire pertinent concernant les actes du quotidien pour comprendre un récit complexe.

Verbes : dire, répondre, apprendre.

Adjectifs : coquin, courageux.

Marqueurs de temps : tout d'abord, puis, ensuite.

Langage en production

Reformuler quelques éléments de l'histoire écoutée en produisant des phrases correctes, même très courtes lors de sa narration à la marionnette de la classe.

Former des phrases négatives.

Utiliser les verbes *dire* et *répondre* pour reformuler certains dialogues.

Utiliser les déterminants possessifs : sa maman, son papa.

C'est la veille de la rentrée et Simon a une nouvelle réplique préférée.

Quand sa maman lui dit : « Tu vas aller à l'école », quand son papa lui promet : « Tu vas apprendre l'alphabet », Simon prend un air effaré et grognon et il crie : « Ça va pas non ! »

C'est le jour de la rentrée et Simon ne veut pas aller à l'école.

Mais une fois sur place, après avoir un peu pleuré, il s'aperçoit qu'on fait plein de choses formidables à l'école.

Alors, le soir, quand la maitresse lui dit qu'il faut partir, savez-vous ce qu'il répond ?

Jeux de doigts et jeux vocaux

étape **1** (reprise plusieurs fois)

Mémoriser et dire le jeu de doigts

▶ **COMPRENDRE ET APPRENDRE**

Être attentif lors de l'écoute d'une comptine.
Jouer avec sa voix et acquérir un répertoire de comptines.

CLASSE ENTIÈRE OU DEMI-CLASSE • PLUSIEURS SÉANCES DE 5 MINUTES.

Matériel Le texte de la comptine.

1 L'enseignant fait vivre la comptine lors des moments de regroupement. Les élèves écoutent la comptine et observent le jeu de doigts effectué par l'enseignant. Ils réagissent après l'écoute.

2 Jouer la comptine de nombreuses fois en coordonnant paroles et gestes.

3 Dire la comptine en effectuant des jeux vocaux : en jouant sur l'intensité, le tempo, la hauteur, le timbre et le rythme.

étape **2** (reprise plusieurs fois)

Jouer la scène

▶ **COMPRENDRE ET APPRENDRE**

Interpréter et jouer une comptine de manière expressive.

PETIT GROUPE DE CINQ ÉLÈVES • 15 MINUTES

Matériel Le lit de Petit pouce (un tapis ou une couchette utilisée pour la sieste des petits).

1 Proposer aux cinq élèves de jouer la scène. Chacun se voit attribuer un rôle : papa, maman, Petit pouce… Au départ, les élèves miment les actions pendant que l'enseignant ou un élève dit la comptine.

2 Progressivement, ils disent le texte en jouant la scène. L'enseignant joue un rôle ou prend en charge certaines parties de la comptine.

Petit pouce dort bien au chaud

Petit pouce dort bien au chaud
(Pouce caché dans le poing.)

Toc, toc, toc ! Debout, c'est l'heure
(L'autre main frappe à la porte, l'index plié.)

Je ne veux pas me lever !
(Le poing et la tête de l'enfant font non.)

Toc, toc, toc ! Debout, c'est l'heure…
(L'autre main frappe à nouveau.)

Bon, bon, d'accord, je me lève
(Le poing et la tête de l'enfant font oui.)

Bonjour !
(Le pouce sort.)

Bonjour papa !
(L'index sort à son tour et touche le pouce.)

Bonjour maman !
(Le majeur sort et touche le pouce.)

Bonjour grand frère !
(L'annulaire sort et touche le pouce.)

Bonjour p'tite sœur !
(L'auriculaire sort et touche le pouce.)

Tout le monde est levé, on va déjeuner.
(Tous les doigts de la main se mettent en mouvement pour mimer la marche.)

Comptine pour jouer avec le tempo

Jouer avec sa voix : dans un tempo normal, très lentement, très vite, en accélérant

Petit cheval va à l'école

Petit cheval va à l'école...
Au pas, au pas, au pas,

Petit cheval va à l'école...
Au trot, au trot, au trot,

Petit cheval va à l'école...
Au galop, au galop, au galop...

Youpi !

Comptine à mimer (MS)

Exprimer des sentiments et des émotions par le geste et par les déplacements

C'est la rentrée

Vite, vite, il faut se presser,
Le réveil a déjà sonné !

Un peu raplapla,
Toilette de chat.

Petit-déjeuner,
Très vite avalé.

Cheveux en pétard,
Un peu dans le brouillard.

On file comme l'éclair,
Chaussettes à l'envers.

Vite, vite, il faut se presser,
C'est la rentrée.

© Sylvie Poillevé

Comptine pour danser

Repérer et reproduire des formules rythmiques simples, corporellement ou avec des instruments

C'est la fête ce matin !

Tapons des pieds. (bis)
Tapons des mains. (bis)
C'est la fête ce matin !
Tapons des pieds et des mains. (bis)
Y'a d'l'école et c'est très bien !

Ma maison

FONCTION DU LANGAGE MOBILISÉE

Imaginative
Pour créer son propre environnement, inventer son monde.

LEXIQUE ET SYNTAXE MOBILISÉS

Langage en réception

Comprendre les intentions des personnages.
Comprendre ce qui se passe à l'intérieur de la chaussette et le rôle de la souris.
Comprendre le vocabulaire : terrier, poulailler, caverne, étable.
Acquérir et mobiliser les connaissances nécessaires à la compréhension du texte : l'habitat des animaux, le personnage du loup dans les histoires.

Langage en production

En PS, mémoriser une partie du texte.
En MS, mémoriser le texte de l'histoire, la jouer.

Intérêt de l'album

Cette belle histoire permet d'aborder le thème de la solidarité en hiver quand il fait très froid.

Ma maison
Émile Jadoul
© Casterman 2007

« Oh ! Une maison... » se dit la souris.
« Ah ! une cachette... » se dit le petit cochon.
« Mmmm... un terrier tout doux ! » s'écrie le petit lapin.
« Hihi ! Un poulailler tout chaud... » surenchérit la poule.
« Et même, même une caverne des plus accueillantes », dit encore l'ourson tout surpris.
Sans oublier l'agneau et le caneton, pour faire bonne mesure !
Seulement voilà : cette drôle de maison, c'est aussi... la chaussette de Grand Loup ! « Sauve qui peut ! ».

étape 1

Comprendre les illustrations de l'album

▸ **ÉCHANGER ET RÉFLÉCHIR AVEC LES AUTRES**
Discuter en défendant son point de vue, en posant des questions.

GRAND GROUPE • 15 MINUTES

Matériel Le diaporama animé réalisé à partir de l'album *Ma maison* **(page 63 et ☁)**.

1 Annoncer que la classe va découvrir une nouvelle histoire. Montrer la couverture du livre rapidement sans le lire, sans l'ouvrir. Ranger le livre. Expliquer qu'avant de le lire, les élèves vont regarder les images du diaporama **(page 63 et ☁)**.

2 Projeter le diaporama.

3 Laisser les élèves réagir, dire ce qu'ils ont compris et reconnu. Si nécessaire, projeter à nouveau le diaporama pour alimenter la discussion et vérifier certaines hypothèses. Chercher à comprendre ensemble les illustrations de l'album.

étape 2

Comprendre l'histoire lue par l'enseignant

▸ **ÉCOUTER DE L'ÉCRIT ET COMPRENDRE**
Comprendre une histoire lue par l'enseignant.

PETIT GROUPE • 15 MINUTES

Matériel L'album *Ma maison*.

1 L'enseignant lit l'histoire en montrant les images de l'album.

2 Projeter le diaporama.

3 Échanges avec les élèves pour comprendre les intentions des personnages à l'aide de questions ouvertes. Comprendre le lien entre le grand froid, la recherche d'un abri pour les animaux et la recherche de la chaussette égarée pour le loup. Imaginer ce que font les personnages dans la chaussette et repérer le rôle de la souris. Les élèves vont se questionner sur l'intention véritable du loup. Les animaux ont-ils de bonnes raisons d'avoir peur du loup ?

étape 3

En MS, chercher où habitent les animaux

▸ **COMMENCER À RÉFLÉCHIR SUR LA LANGUE ET ACQUÉRIR UNE CONSCIENCE PHONOLOGIQUE**
Comprendre, acquérir et utiliser un vocabulaire pertinent concernant l'habitat des animaux.

▸ **DÉCOUVRIR LA FONCTION DE L'ÉCRIT**
Demander la lecture d'un écrit pour en connaitre le contenu.

> PETIT GROUPE • 20 MINUTES
>
> **Matériel** Des livres documentaires, des imagiers, des revues pour enfants du type Wakou présentant des documents sur les animaux de l'histoire : livres sur la ferme, la forêt, l'ours. Utiliser si besoin un TBI ou un vidéoprojecteur pour visionner des images trouvées sur internet.

1 Annoncer que les animaux, après être sortis de la chaussette, veulent retrouver leur maison. Chaque groupe est chargé d'effectuer une recherche sur un animal pour connaitre son habitat. L'enseignant donne un exemple avec le cochon en lisant un extrait de documentaire.

2 Lors de la mise en commun, chaque groupe présente aux autres le résultat de ses recherches.

3 Les documents sont rassemblés dans le coin livres ou visibles sur l'ordinateur de la classe. Ils peuvent être consultés par les élèves et servir de support à des échanges entre pairs et avec l'enseignant.

étape 4

Jouer l'histoire avec des figurines

▸ **COMPRENDRE ET APPRENDRE**
En PS, reformuler quelques éléments de l'histoire.
En MS, mémoriser le texte de l'histoire.

> PETIT GROUPE • 15 MINUTES
> SÉANCE RÉPÉTÉE PENDANT 2 SEMAINES
> AU MOMENT DE L'ACCUEIL
>
> **Matériel** Pour chaque élève : une figurine de chaque personnage de l'histoire (l'image de chaque personnage est collée sur un cube ou un assemblage de deux à trois briques Duplo ou des figurines en plastique), une chaussette trouée avec un tube à l'intérieur pour faciliter l'entrée des personnages.

1 Les élèves jouent librement avec les personnages et la chaussette. Chacun identifie et manipule les personnages, verbalise ses actions et ses intentions.

2 Jeux de mémorisation du texte : les élèves manipulent les personnages pendant que l'enseignant lit en montrant les images puis sans les montrer.

3 En MS, ils essayent seuls de dire le texte en s'aidant d'une bande où sont représentés les personnages de l'histoire dans l'ordre d'entrée dans la chaussette.

4 Variante. L'enseignant propose aux élèves de présenter le diaporama à une autre classe. Ils se répartissent les rôles puis racontent l'histoire devant un petit groupe.

DIAPORAMAS
POUR APPRENDRE À PARLER

DIAPORAMA **Séance 1**

Ma maison

Ma maison
Émile Jadoul
© Casterman 2007

ROULEZ BOLIDES !

Scènes de voyage

Situation motivante

En salle de jeux, lors des activités de pilotage, les enfants sont motivés pour essayer les différents véhicules de l'école en explorant les espaces proposés : salles de jeux, cours, obstacles, trajets, zones de regroupement, parkings, chemins.

Objectifs langagiers

Ces situations de jeu permettent aux enfants d'apprendre à échanger, d'abord par l'intermédiaire de l'adulte, dans des situations qui les concernent directement : ils font part de leurs besoins, de leurs découvertes et répondent aux sollicitations. Ils apprennent à nommer avec exactitude les objets qui les entourent et les actions accomplies. Ils rendent compte de ce qu'ils ont observé ou vécu, évoquent des événements à venir, reformulent l'essentiel d'un énoncé entendu.

Place dans la programmation

Cette séquence est proposée au premier trimestre. De nouvelles situations de langage seront présentées dans l'année pour amener les enfants à décrire des parcours et à évoquer des scénarios vécus en salle de jeu.

Parallèlement, des jeux de faire semblant au coin garage permettront aux enfants de réinvestir les compétences travaillées dans cette séquence. Ils pourront ainsi commenter les actions des personnages (les figurines), attribuer des rôles, entrer dans des dialogues à partir des scénarios et des problèmes rencontrés.

Mobiliser le langage dans toutes ses dimensions

	L'ORAL
✗	Oser entrer en communication
✗	Comprendre et apprendre
	Échanger et réfléchir avec les autres
✗	Commencer à réfléchir sur la langue et acquérir une conscience phonologique

	L'ÉCRIT
✗	Écouter de l'écrit et comprendre
✗	Découvrir la fonction de l'écrit
✗	Commencer à produire des écrits et en découvrir le fonctionnement
	Découvrir le principe alphabétique
	Commencer à écrire tout seul

SÉANCE 1
Langage oral

ÉCHANGER, S'EXPRIMER EN SITUATION DE JEU

▸ **Oser entrer en communication**

Dire ce que l'on fait, ce que l'on a fait ou ce que l'on veut faire au cours des activités de pilotage en salle de jeu.

SÉANCE 2
Langage oral

S'APPROPRIER LE LEXIQUE : LES VÉHICULES DE L'ÉCOLE

▸ **Commencer à réfléchir sur la langue et acquérir une conscience phonologique**

S'intéresser aux mots nouveaux qu'on rencontre pour les comprendre et les utiliser.

SÉANCE 3
Langage oral

FORMULER UNE DEMANDE, UN REFUS OU UN ACCORD

▸ **Oser entrer en communication**

Se faire comprendre par le langage pour les besoins de la vie scolaire : demander un véhicule à un adulte.

SÉANCE 4
Langage oral
Langage écrit

ÉVOQUER UNE EXPÉRIENCE PASSÉE OU À VENIR

▸ **Comprendre et apprendre**

Participer verbalement à un projet lié à l'utilisation des véhicules en salle de jeu.

▸ **Découvrir la fonction de l'écrit**

Utiliser l'écrit pour garder trace du choix de véhicule effectué avant d'aller en salle de jeu.

SÉANCE 5
Langage écrit
Langage oral

RACONTER UNE HISTOIRE PROCHE DE SON VÉCU

▸ **Écouter de l'écrit et comprendre**

Comprendre un texte écrit illustré (thématique : apprendre à faire du vélo), raconté puis lu par l'enseignant.

▸ **Comprendre et apprendre**

Raconter une histoire proche de son vécu.

En MS, production de textes écrits avec dictée à l'adulte

▸ **Commencer à produire des écrits**

Savoir que l'on n'écrit pas comme on parle.

À la fin de cette séquence, en petit groupe, les élèves découvrent et commentent les nombreuses photos prises en salle de jeu. Il y a plus de photos que d'élèves. Elles montrent plusieurs enfants en action. Chaque élève choisit une photo pour relater ses exploits à ses parents. Cet écrit sera publié dans le cahier de vie, le blog de la classe ou présenté sur un panneau placé à l'entrée de la classe à la vue des parents. L'enseignant aide chacun à produire un écrit pour qu'il comprenne les différences de formulation entre registre du langage oral et registre du langage écrit.

ÉCHANGER, S'EXPRIMER EN SITUATION DE JEU

FONCTIONS DU LANGAGE MOBILISÉES

Interpersonnelle
Pour entrer en relation avec autrui.

Personnelle
Pour exprimer ses sentiments personnels et ses gouts.

SCÈNE DE LANGAGE

En salle de jeu, chaque élève entre en communication avec l'adulte pour obtenir son attention, exprimer ses désirs, commenter ses actions, demander un véhicule, exprimer ses préférences.

OBJECTIF LANGAGIER

Dire ce que l'on fait, ce que l'on a fait ou ce que l'on veut faire au cours des activités de pilotage en salle de jeu.

CONDUITES LANGAGIÈRES

Établir le contact, dialoguer, répondre, commenter, demander, exprimer ses sentiments et ses gouts.

LEXIQUE ET SYNTAXE MOBILISÉS

Langage en réception

Comprendre et acquérir un vocabulaire pertinent concernant les activités de pilotage en salle de jeu : locaux, matériel, actions.
Noms : vélo, camion, tracteur, voiture, trottinette, brouette, remorque, roulette, guidon, sonnette, volant, pédale.
Adjectifs : adjectifs de couleurs, petit, grand.
Verbes : vouloir, choisir, aller, changer, rouler, pédaler, pousser, s'arrêter, freiner, tourner, doubler, avoir un accident.

Langage en production

Produire des phrases simples élaborées avec quelques mots : utilisation du pronom *je*.
Produire des phrases simples juxtaposées avec utilisation de *puis*, *et puis*, *et après*.

CLASSE ENTIÈRE
EN SALLE DE JEU
SITUATIONS
DE LANGAGE DUELLES
AVEC LES ADULTES

30 minutes

MATÉRIEL ET SUPPORTS

★ Les véhicules de l'école : tracteurs, porteurs, tricycles, vélos, trottinettes, charriots, brouettes.

SCÉNARIO

- **Charlotte est bien malade. Elle n'a plus rien dans son réfrigérateur mais le médecin lui a interdit de sortir. Les élèves font les courses pour elle dans le grand magasin. Il est loin. Ils prennent les véhicules et suivent la route qui les y conduit. Ils se garent dans le parking, puis entrent dans le magasin. Chacun choisit une ou deux provisions puis reprend la route qui conduit à la maison pour livrer les marchandises à Charlotte.**

RÔLE DE L'ENSEIGNANT

- Nourrir le langage des élèves en accompagnant individuellement et collectivement les actions par le langage. Privilégier certaines actions riches en langage : choisir un nouveau véhicule ou échanger avec un camarade, véhicule bloqué, véhicule qui doit reculer, accident, ralentir, tourner, contourner un obstacle, se garer…
- Créer les conditions favorables à la prise de parole en étant attentif aux gestes et aux regards des élèves, en se plaçant à leur hauteur. Valoriser toute prise de parole, reformuler en tentant de traduire au mieux les propos de chacun.
- En fin de séance, récapituler les actions réalisées.

TÂCHE DES ÉLÈVES

- Répondre aux sollicitations de l'adulte. Commenter ses actions. Évoquer les actions réalisées, les réussites et les problèmes rencontrés. Anticiper le choix d'un véhicule.
- À la fin de chaque séance, comprendre les consignes de l'enseignant pour ranger les véhicules : d'abord les trottinettes, puis les vélos…

DIFFÉRENCIATION

- Avec les plus jeunes, c'est l'enseignant qui prend en charge l'évocation des actions réalisées.

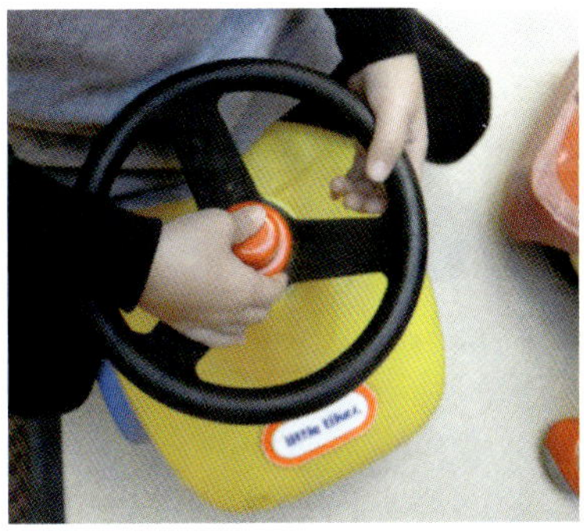

CRITÈRES DE RÉUSSITE

- **Répond aux sollicitations de l'adulte.**
- **Produit une phrase correcte même très courte.**

S'APPROPRIER LE LEXIQUE : LES VÉHICULES DE L'ÉCOLE

FONCTIONS DU LANGAGE MOBILISÉES

Métalinguistique
Pour parler du langage

Informative
Pour exprimer ses sentiments personnels et ses gouts

SCÈNE DE LANGAGE

En salle de jeu, lors du rangement des engins en fin de séance, les élèves découvrent des affichettes **(page 79 et ☁)** indiquant où garer chaque type de véhicules. Ils émettent des hypothèses sur les affichettes et nomment les différentes catégories de véhicules à ranger.

OBJECTIF LANGAGIER

S'intéresser aux mots nouveaux qu'on rencontre pour les comprendre et les utiliser.

CONDUITES LANGAGIÈRES

Émettre des hypothèses, expliquer, justifier, formuler des consignes.

LEXIQUE ET SYNTAXE MOBILISÉS

Langage en réception et en production

Noms : garage, vélo, camion, tracteur, voiture, trottinette, brouette, remorque, roulettes, guidon, sonnette, volant, pédales, siège.
Verbes : ranger, garer.
Produire des phrases du type : *c'est pour + verbe à l'infinitif, il faut + verbe à l'infinitif.*
Utiliser des indicateurs spatiaux : dans, à côté, près de.

CLASSE ENTIÈRE EN SALLE DE JEU

10 minutes

MATÉRIEL ET SUPPORTS

- ★ Les véhicules de l'école : tracteurs, porteurs, tricycles, vélos, trottinettes, charriots, brouettes.
- ★ Des bancs sont disposés dans la salle de jeu pour délimiter des garages.
- ★ Les affichettes indiquent le type de véhicule à garer dans chacun des garages **(page 79 et ☁)**.

RÔLE DE L'ENSEIGNANT

- Agrandir les images des véhicules de l'école au format A4 **(page 79 et)**.
- Installer les affichettes sur les murs.
- Solliciter les élèves pour décrire les affichettes.
- Expliciter la consigne (classement des véhicules) en donnant des exemples.
- En fin de séance, récapituler avec les élèves ce qui a été fait.

TÂCHE DES ÉLÈVES

- Nommer chacune des catégories de véhicules représentées sur les affichettes.
- Prendre un véhicule et le conduire dans le garage approprié.
- Répondre aux sollicitations de l'enseignant qui questionne sur l'action en cours. Réagir en cas d'erreur et expliquer où ranger le véhicule.

DIFFÉRENCIATION

- Solliciter en priorité les élèves les plus fragiles en situation duelle.
- En MS, caractériser chaque type de véhicules : présence d'un guidon, d'un siège, de pédales…

SCÉNARIO

Cinq poupées et poupons de la classe veulent aussi faire du vélo dans la salle de jeu. L'enseignant prête sa voix aux poupées pour animer ce petit groupe de langage.
Chaque poupée demande à un élève de lui chercher le véhicule qu'elle souhaite. Les poupées utilisent des formulations variées pour exprimer leurs demandes.
Chaque élève mémorise le nom du véhicule à chercher dans le garage et attend que toutes les commandes soient passées.
L'élève cherche ensuite le véhicule demandé et emmène la poupée en promenade dans la salle de jeu.
On peut poursuivre avec un jeu de la marchande où chaque enfant demande un véhicule à l'enseignant.

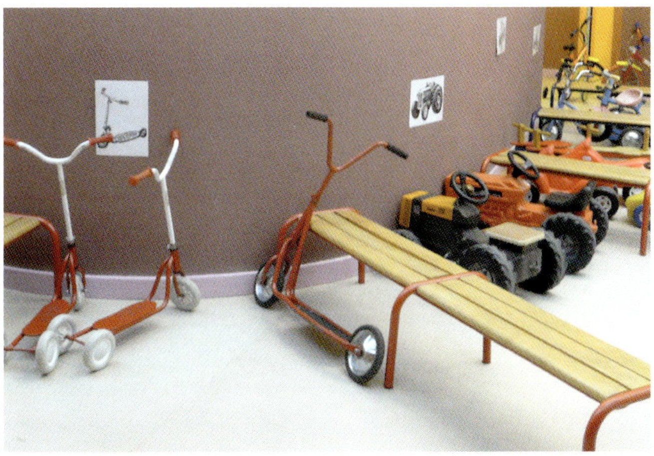

CRITÈRES DE RÉUSSITE

- **Nomme chaque catégorie de véhicules : vélos, camions, tracteurs, voitures, trottinettes, brouettes.**

FORMULER UNE DEMANDE, UN REFUS OU UN ACCORD

FONCTION DU LANGAGE MOBILISÉE

Instrumentale
Pour satisfaire ses besoins et obtenir ce que l'on veut d'autrui.

SCÈNE DE LANGAGE

En salle de jeu, en petit groupe, chaque élève demande un véhicule à l'enseignant qui joue le rôle du gardien du garage.
Ensuite, chacun circule avec l'engin.

OBJECTIFS LANGAGIERS

Se faire comprendre par le langage pour les besoins de la vie scolaire : demander un véhicule à un adulte.

CONDUITES LANGAGIÈRES

Formuler des demandes, un refus, un accord.

LEXIQUE ET SYNTAXE MOBILISÉS

Langage en production

Formuler une demande ou un accord du type « Je veux le camion », « Oui, je veux celui-là », « Je veux un grand vélo ».
Formuler un refus ou un désaccord du type « Non pas celle-là », « Je ne veux pas celui-là ».
Noms : vélo, camion, tracteur, voiture, trottinette, brouette, remorque, roulette, guidon, sonnette, volant, pédale, siège.
Adjectifs : adjectifs de couleurs, petit, grand.
Verbes : vouloir, choisir, demander, donner, prêter, rouler.
Utiliser l'impératif : « donne-moi le camion ».
Utiliser les formules de politesse usuelles : « s'il te plait », « merci ».
En MS, produire des phrases complexes : « je veux le vélo qui a une sonnette » ou « celui qui a une sonnette », « je veux un vélo comme Hakim », « je voudrais un vélo », « je veux un vélo avec des roulettes ».

PETIT GROUPE DE LANGAGE EN SALLE DE JEU

20 minutes

MATÉRIEL ET SUPPORTS

- ★ Les véhicules de l'école : tracteurs, porteurs, tricycles, vélos, trottinettes, charriots, brouettes.
- ★ Les photographies plastifiées des véhicules de l'école.

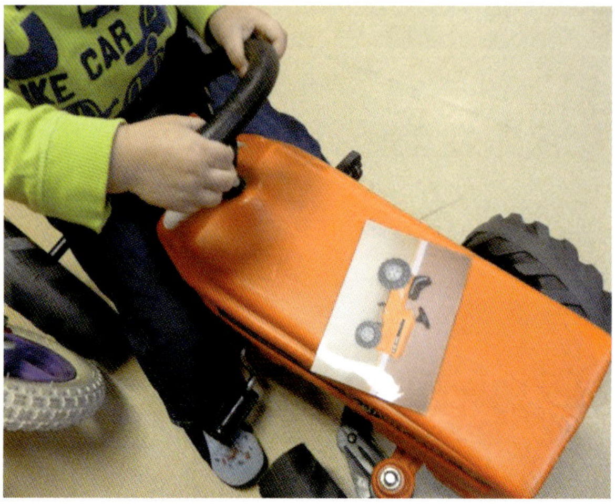

RÔLE DE L'ENSEIGNANT

- Conduire les élèves à demander un des véhicules rangé dans le garage.
- Encourager les tentatives de prises de parole, reformuler les énoncés incomplets.
- Présenter des propositions de véhicules sans les montrer pour aider les élèves les plus fragiles à comprendre puis à formuler des demandes.
- Faire des erreurs dans la distribution pour obliger les élèves à reformuler leur demande ou à formuler un refus.
- En fin de séance, récapituler avec les élèves toutes les actions réalisées. En PS, prendre en charge l'évocation des actions effectuées.

TÂCHE DES ÉLÈVES

- Comprendre les consignes données par l'enseignant.
- Demander le véhicule de son choix à l'enseignant. Dire *s'il te plait* et *merci*.
- Comprendre les propositions formulées par l'enseignant. Formuler un accord ou un refus.
- Faire un trajet avec son véhicule puis venir en demander un autre.
- Formuler une demande plus précise si l'enseignant ne trouve pas le véhicule attendu.
- Évoquer les véhicules que l'on a utilisé au cours de la séance.

DIFFÉRENCIATION

- Si nécessaire, fournir la forme syntaxique qui convient.
- En MS, amener les élèves à être plus précis dans la description du véhicule lors de leur demande.

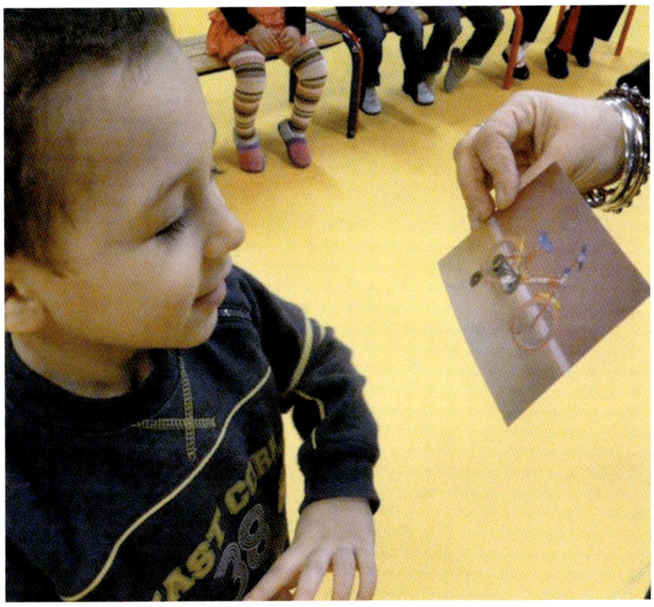

CRITÈRES DE RÉUSSITE

- **Formule une demande compréhensible.**
- **Utilise les formules de politesse.**

ÉVOQUER
UNE EXPÉRIENCE PASSÉE OU À VENIR

FONCTIONS DU LANGAGE MOBILISÉES

Personnelle
Pour exprimer ses sentiments personnels et ses gouts.

Instrumentale
Pour satisfaire ses besoins et obtenir ce que l'on veut d'autrui.

Informative
Pour échanger des informations avec autrui.

SCÈNE DE LANGAGE

En classe, au moment de l'accueil, dans le cadre d'un petit groupe, chaque élève découvre les photographies des véhicules de la salle de jeu, évoque les actions réalisées en salle de jeu, réserve le véhicule qu'il souhaite utiliser, exprime ses préférences et évoque les actions qu'il projette d'effectuer.

OBJECTIFS LANGAGIERS

Participer verbalement à un projet lié à l'utilisation des véhicules en salle de jeu.

Utiliser l'écrit pour garder trace du choix de véhicule effectué avant d'aller en salle de jeu.

CONDUITES LANGAGIÈRES

Formuler des demandes, un refus, un accord.

LEXIQUE ET SYNTAXE MOBILISÉS

Langage en production

Se saisir d'un nouvel outil linguistique (lexical, syntaxique) que l'enseignant lui fournit quand il lui manque en situation pour exprimer ce qu'il a à dire.
Noms : vélo, camion, tracteur, voiture, trottinette, brouette, remorque, roulette.
Adjectifs : adjectifs de couleur, petit, grand.
Verbes : vouloir, choisir, demander, donner, prêter, rouler, tourner, pédaler, freiner, s'arrêter, reculer.
Utilisation du passé composé.
Emploi du futur proche ou du futur.

PETIT GROUPE DE LANGAGE EN SALLE DE JEU
15 minutes

MATÉRIEL ET SUPPORTS

★ Les photographies plastifiées des véhicules de l'école.

RÔLE DE L'ENSEIGNANT

- Échanger avec chacun.
- Évoquer certains exploits et certaines situations vécues en salle de jeu pour que les élèves les plus fragiles entendent et apprennent à effectuer un rappel de récit.
- En fin de séance, récapituler avec les élèves les actions réalisées.

TÂCHE DES ÉLÈVES

- Échanger avec l'adulte et les autres élèves.
- Évoquer certaines situations vécues en salle de jeu.

DIFFÉRENCIATION

- En MS, axer la séance sur l'évocation des actions réalisées puis sur celles envisagées lors de la séance à venir.

CRITÈRES DE RÉUSSITE

- **Formule une demande compréhensible.**
- **Produit une phrase simple : Je + verbe + GN.**

RACONTER UNE HISTOIRE PROCHE DE SON VÉCU

FONCTION DU LANGAGE MOBILISÉE

Imaginative
Pour créer son propre environnement, inventer son monde.

SCÈNE DE LANGAGE

Quelques élèves choisissent un album parmi ceux proposés par l'enseignant. Il raconte l'histoire choisie. Les élèves essayent de la raconter à leur tour en s'aidant des illustrations. Ils présentent l'album choisi à la classe avec un diaporama.

OBJECTIFS LANGAGIERS

Comprendre un texte écrit illustré (thématique : apprendre à faire du vélo), raconté puis lu par l'enseignant.

Raconter une histoire proche de son vécu.

CONDUITES LANGAGIÈRES

Raconter, décrire, formuler des hypothèses.

LEXIQUE ET SYNTAXE MOBILISÉS

Langage en réception et en production

Exemple avec l'album *Petit Ours Brun fait du vélo*.
Noms : vélo, roue.
Adjectifs : fier.
Adverbes : peu, facile, tellement, trop, vraiment, bien, maintenant.
Verbes : monter, descendre, avancer.
Utiliser les pronoms *il* et *elle*.
Produire des phrases complexes du type « C'est… à lui de + infinitif », « C'est parce qu'il… », « C'est tellement… », « C'est pour + infinitif ».

PETITS GROUPES DE LANGAGE HÉTÉROGÈNES.

CHAQUE GROUPE TRAVAILLE À PARTIR D'UN ALBUM DIFFÉRENT

20 minutes

MATÉRIEL ET SUPPORTS

★ Un album différent pour chaque groupe.
★ Les diaporamas de trois de ces albums **(pages 76 et 77 et ☁)**.

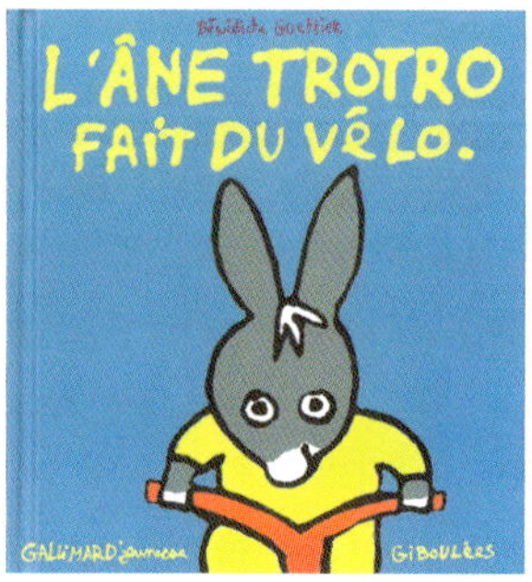

L'âne Trotro fait du vélo
Bénédicte Guettier
© Gallimard jeunesse 2000

Petit Ours Brun fait du vélo
Danièle Bour
© Bayard Presse 2004

T'choupi fait du vélo
Thierry Courtin
© Éditions Nathan 1997

RÔLE DE L'ENSEIGNANT

- Annoncer le but de la séance.
- Raconter l'histoire choisie par le groupe sans montrer les images.
- Présenter toutes les illustrations de l'album en tournant les pages en silence ou en utilisant le diaporama **(pages 76 et 77 et)**. Recueillir les premiers essais de rappel du récit des élèves.
- Faire la synthèse des apprentissages réalisés en fin de séance.
- Lors d'une séance spécifique, aider les élèves à raconter l'histoire à ceux qui ne la connaissent pas.

TÂCHE DES ÉLÈVES

- Écouter et comprendre une histoire racontée par l'adulte.
- Observer les illustrations et commencer à raconter avec ses propres mots.
- Lors d'une séance spécifique, restituer l'histoire à plusieurs en s'aidant des illustrations de l'album ou du diaporama réalisé par l'enseignant.

DIFFÉRENCIATION

- Avec les élèves les plus fragiles, l'enseignant simplifie le travail en racontant l'histoire tout en veillant à leur laisser la possibilité d'intervenir au cours du récit.
- Avec les plus jeunes, l'objectif se limite au travail de compréhension de l'histoire dans le cadre du petit groupe.

Bali fait du vélo
Magdalena et Laurent Richard
© Père Castor Flammarion 2007

Petit Lapin Blanc fait du vélo
Marie-France Floury
et Fabienne Boisnard
© Gautier Languereau 2011

CRITÈRES DE RÉUSSITE

- **Ose communiquer à l'intérieur du petit groupe.**
- **Reformule dans ses propres mots une scène de l'histoire.**

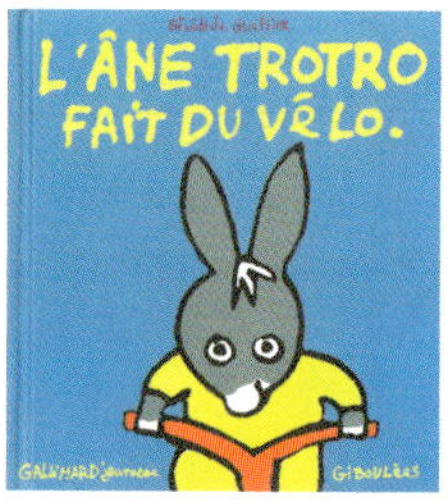

L'âne Trotro fait du vélo
Bénédicte Guettier
© Gallimard jeunesse 2000

DIAPORAMA **Séance 5**

L'âne Trotro fait du vélo

OBJECTIFS LANGAGIERS

- Comprendre une histoire proche de son vécu racontée par l'enseignant.
- Reformuler quelques éléments de l'histoire en s'appuyant sur la succession des images.

LEXIQUE ET SYNTAXE MOBILISÉS

Langage en production

Énumérer des actions de Trotro avec répétition d'une structure de phrase du type « Il fait du vélo sans… ».

Utiliser des phrases simples coordonnées par la conjonction *et* avec des phrases plus complexes comportant le pronom relatif *qui*.

Marqueurs de temps : les adverbes *aujourd'hui* et *maintenant*.

Aujourd'hui, l'âne Trotro fait du vélo.
Il fait du vélo sans la main gauche. Il fait du vélo sans la main droite.
Il fait du vélo sans les deux mains.
Il fait du vélo sans les mains et sans les pieds.
Oh zut ! Il est tombé et le vélo est tout cassé !
Maintenant, c'est le vélo qui monte sur l'âne Trotro !

Petit Ours Brun fait du vélo
Danièle Bour
© Bayard Presse 2004

DIAPORAMA **Séance 5**

Petit Ours Brun fait du vélo

OBJECTIFS LANGAGIERS

- Comprendre une histoire proche de son vécu racontée par l'enseignant.
- Reformuler quelques éléments de l'histoire en s'appuyant sur la succession des images.

LEXIQUE ET SYNTAXE MOBILISÉS

Langage en production

Utiliser des phrases complexes du type « C'est… à lui de + infinitif », « C'est parce qu'il… », « C'est tellement… », « C'est pour + infinitif ».

Adverbes : peu, facile, tellement, trop, vraiment, bien, maintenant.

Verbes : monter, descendre, avancer.

Petit Ours Brun a un vélo maintenant. C'est parce qu'il a grandi.
Petit Ours Brun a un vélo avec des petites roues. C'est facile pour lui de monter dessus.
Petit Ours Brun aime bien jouer avec le klaxon, il fait « pouet, pouet ». C'est tellement rigolo ! Petit Ours Brun regarde ses pédales.
C'est pour être sûr qu'elles tournent bien.
Petit Ours Brun dit : « Maman, regarde ! » C'est pour qu'elle voie comme il pédale bien.
Petit Ours Brun n'avance plus du tout. C'est parce que la route monte trop.
Petit Ours Brun descend un peu vite. Ouf, c'est vraiment super que Maman soit là !

T'choupi fait du vélo
Thierry Courtin
© Éditions Nathan 1997

DIAPORAMA **Séance 5**

T'choupi fait du vélo

OBJECTIFS LANGAGIERS

- Comprendre une histoire proche de son vécu racontée par l'enseignant.
- En MS, raconter une histoire proche de son vécu.
- Comparer des histoires sur la même thématique : apprendre à faire du vélo.

LEXIQUE ET SYNTAXE MOBILISÉS

Langage en réception

Comprendre le texte lorsque le discours direct est utilisé.

Langage en production

Utiliser des complexités : comme, tout d'abord, puis.

Noms : anniversaire, vélo, roue, guidon, genou, pansement, champion.

Adjectif : fier.

Verbes : pousser, conduire, faire attention.

T'choupi est très fier. Il a eu un beau vélo pour son anniversaire.
Mais le vélo c'est difficile ! Il demande à sa maman de le pousser.
T'choupi apprend vite.
Il multiplie les expériences avec son vélo.
Il le conduit avec une main puis se met debout en lâchant le guidon.
Il n'écoute pas les conseils de sa maman qui lui demande d'être prudent et heurte l'arrosoir du jardin.
Sa maman le soigne puis lui prépare un bon gouter.
T'choupi est un vrai champion, il remonte sur son vélo en faisant attention de bien se tenir.

Je veux voyager

Partir en auto
(Mimer le volant tenu.)

Partir en bateau
(Bras repliés sur la poitrine et balancement rythmé par les vagues.)

Partir en avion
(Bras écartés.)

Faire le tour du monde
(L'index décrit lentement un grand cercle.)

Sur mon petit vélo
(Très vite les mains tournent pour mimer l'action de pédaler.)

Auteur inconnu

étape 1 (reprise plusieurs fois)

Mémoriser et dire la comptine

▸ **COMPRENDRE ET APPRENDRE**
Jouer avec sa voix et acquérir un répertoire de comptines.

CLASSE ENTIÈRE OU DEMI-CLASSE • PLUSIEURS SÉANCES DE 5 MINUTES

Matériel Le texte de la comptine, le diaporama présentant les illustrations de la comptine.

1 Faire vivre la comptine *Je veux voyager* en salle de jeu avec son corps. Les élèves écoutent la comptine et observent le jeu de l'enseignant qui mime les actions du personnage. Réagir après l'écoute. Répéter et mimer les différentes parties de la comptine.

2 Proposer des jeux vocaux sur les paramètres du son : hauteur, intensité. Jouer la comptine et la dire en coordonnant paroles et gestes.

2 Comprendre les illustrations du diaporama. Reformuler ou dire le texte de la comptine en s'appuyant sur les images vidéoprojetées.

étape 2 (reprise plusieurs fois)

Inventer et jouer la scène

▸ **OSER ENTRER EN COMMUNICATION**
Prendre la parole dans le cadre d'un petit groupe.

▸ **COMPRENDRE ET APPRENDRE**
Dire une comptine en la jouant et en changeant quelques éléments.

PETIT GROUPE DE CINQ ÉLÈVES • 15 MINUTES

Matériel Des images d'autres moyens de transport ou des imagiers ou des jouets : moto, train, camion, avion…

1 En MS, quand la comptine est bien maitrisée, amener les élèves à des créations orales en ajoutant d'autres moyens de transport : camion, moto, train… Pour aider les élèves dans leur production, utiliser des images de véhicules ou des jouets : moto, train, camion. Ajouter d'autres moyens de transport au texte et trouver les gestes correspondants pour mimer chaque véhicule.

2 Jouer la comptine en ajoutant de nouveaux moyens de transport. Mémoriser le nouveau texte en s'aidant des images.

3 Jouer la comptine à plusieurs en se répartissant les rôles. Chacun choisit une image ou un objet (train, moto…) puis le groupe joue la comptine en respectant un ordre défini à l'avance.

- Images à agrandir au format A4 pour réaliser les affichettes de la séance 2.

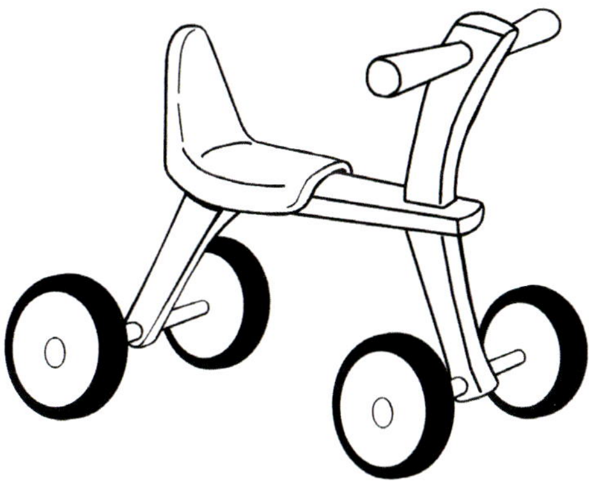

JOUONS AVEC LES POUPÉES

Scènes du quotidien

Situation motivante

Au coin poupées, les élèves aiment reproduire des scènes de la vie quotidienne et retrouver des objets familiers. Ils jouent des rôles familiaux connus et reproduisent des scénarios vécus avec leurs parents, leurs frères et sœurs: habillage, repas, scène du coucher, scène du lever, toilette ou bain de bébé, rangement des habits, promenade de bébé, maladie de bébé.

Objectifs langagiers

Les jeux au coin poupées permettent à l'enseignant d'avoir des moments privilégiés d'échanges avec ses élèves. Ces interactions aident à la définition des objectifs langagiers visés et à l'anticipation des éléments de différenciation nécessaires au cours des séances qui suivront.
Dans ces situations de jeu, l'élève parle parfois seul et dialogue avec lui-même. Certains qui échangent peu avec les autres ou avec l'adulte se révèlent parleurs lorsqu'ils jouent seuls. Cet auto-langage contribue à la construction de la pensée. L'enseignant va aussi rejoindre ses élèves dans leurs jeux, relancer les dialogues, faire évoluer les scénarios proposés. Il apporte les outils linguistiques utiles pour penser ces jeux et introduit des éléments culturels pour enrichir les situations.

Place dans la programmation

Cette séquence se répartit sur plusieurs périodes de l'année. La première période a pour objectifs de permettre aux élèves de s'approprier le matériel, de les observer en situation et de mettre en place les premiers jeux symboliques. Au cours de l'année, les jeux évolueront avec des scénarios de plus en plus diversifiés.

Mobiliser le langage dans toutes ses dimensions

	L'ORAL
✗	Oser entrer en communication
✗	Comprendre et apprendre
✗	Échanger et réfléchir avec les autres
✗	Commencer à réfléchir sur la langue et acquérir une conscience phonologique

	L'ÉCRIT
✗	Écouter de l'écrit et comprendre
	Découvrir la fonction de l'écrit
✗	Commencer à produire des écrits et en découvrir le fonctionnement
	Découvrir le principe alphabétique
	Commencer à écrire tout seul

SÉANCE 1
Langage oral

ÉCHANGER, S'EXPRIMER EN SITUATION DE JEU

▸ **Oser entrer en communication**

Utiliser le langage dans des jeux à plusieurs.
Entrer en relation avec l'adulte et ses pairs par la médiation du langage.

SÉANCE 2
Langage oral

JOUER À HABILLER LES POUPÉES

▸ **Échanger et réfléchir avec les autres**

Proposer des solutions pour résoudre un problème.

▸ **Oser entrer en communication**

Utiliser le langage dans des jeux à plusieurs.

SÉANCE 3
Langage oral

RANGER LES VÊTEMENTS

▸ **Échanger et réfléchir avec les autres**

Proposer des solutions pour ranger les vêtements.

▸ **Commencer à réfléchir sur la langue et acquérir une conscience phonologique**

Acquérir un vocabulaire pertinent concernant les actes du quotidien.

SÉANCE 4
Langage oral
Langage écrit

JOUER AUX DEVINETTES AVEC LILI ET FILOU

▸ **Comprendre et apprendre**

Être attentif lors de l'écoute d'une question et la comprendre.

▸ **Écouter de l'écrit et comprendre**

Comprendre un texte écrit illustré, lu par l'enseignant.

En MS, production de textes écrits avec dictée à l'adulte

▸ **Commencer à produire des écrits**

Participer verbalement à la production d'un écrit.

En grand groupe, dicter un texte à l'enseignant pour inviter une classe de l'école à venir voir les diaporamas de *Lili et Filou s'habillent.*

Réactivation - Transferts

Suggérer de nouveaux scénarios de jeu par la lecture d'histoires proches du vécu des élèves : *Trotro s'habille, Petit Ours Brun s'habille.*

ÉCHANGER, S'EXPRIMER EN SITUATION DE JEU

FONCTION DU LANGAGE MOBILISÉE

Imaginative
Pour créer son propre environnement, inventer son monde.

SCÈNE DE LANGAGE

En petit groupe, les élèves jouent avec les poupées et les poupons de la classe. Ils se parlent à eux-mêmes pour se dire ce qu'ils envisagent de faire, s'inventent des scènes en reproduisant des situations vécues dans leur famille. Progressivement, des échanges courts s'installent avec l'adulte et entre les enfants. L'enseignant engage ses élèves dans la mise en œuvre de scénarios simples en leur posant des problèmes à partir de situations du quotidien : bébé pleure. Pourquoi ? Que faire ?

OBJECTIFS LANGAGIERS

Utiliser le langage dans des jeux à plusieurs.

Entrer en relation avec l'adulte et ses pairs par la médiation du langage.

CONDUITES LANGAGIÈRES

Établir le contact, échanger, demander, répondre à une question, dialoguer.

LEXIQUE ET SYNTAXE MOBILISÉS

Langage en réception

Acquérir un vocabulaire pertinent concernant les actes du quotidien pour pouvoir jouer au coin poupées.
Verbes : réveiller, se réveiller, se lever, laver, se laver, promener, se promener, manger, donner le biberon, habiller, s'habiller…

Langage en production

Produire des phrases correctes même très courtes pour commenter ses actions (auto-langage) en jouant et expliquer à l'enseignant ce que l'on a fait.
Utiliser correctement le pronom personnel *je* pour parler de soi.
En MS, répondre aux questions de l'enseignant du type « Pourquoi le bébé pleure ? » en utilisant *parce que*.

PETIT GROUPE DE LANGAGE DE 2 À 4 ÉLÈVES

10 à 15 minutes

MATÉRIEL ET SUPPORTS

★ Tout le matériel du coin poupées : vêtements, meuble de rangement, lit, chaise haute, poussette, landau, baignoire…

L'aménagement du coin poupées se fait progressivement au cours du trimestre en y impliquant les élèves.

SCÉNARIO

▶ **Dès le début de l'année, les élèves participent à l'aménagement progressif du coin poupées : arrivée échelonnée de nouvelles poupées, recherche de prénoms, apport de nouveaux éléments (vêtements, meuble de rangement, lit, chaise haute, poussette, landau, baignoire...).**
Ils ont l'occasion de jouer de nombreuses fois, librement ou avec l'enseignant qui les accompagne dans cette découverte en s'impliquant lui-même dans le jeu.

RÔLE DE L'ENSEIGNANT

▶ Après plusieurs semaines, à partir de l'observation des élèves, poser des problèmes du type *Bébé est malade*. Que faire ? Proposer des scénarios et jouer aussi un rôle. Verbaliser ce que font les élèves en situation. Engager le dialogue avec chacun, même s'il ne répond pas ou répond de façon non verbale. Éviter de trop parler pour que les élèves osent s'exprimer. Reprendre leurs productions en les développant ou en les améliorant.

TÂCHE DES ÉLÈVES

▶ Parvenir à construire progressivement leurs propres scénarios, voire à reprendre partiellement ou complètement les scénarios initiés par l'enseignant.

DIFFÉRENCIATION

▶ Adapter ses objectifs et ses attentes en fonction du développement de chaque élève. Quand il joue avec des *petits parleurs*, l'enseignant *rend lisible* le langage pour dire ce qu'il pense, ce qu'il ressent, ce qu'il projette de faire et les raisons qui le conduisent à effectuer certaines actions.

SCÈNES JOUÉES PAR LES ÉLÈVES

Les élèves jouent le plus souvent des rôles familiaux connus du type papa ou maman.

Avec les bébés

- Bébé pleure. Pourquoi ? A-t-il faim ? Est-il malade ? A-t-il mouillé sa couche ?
- Bébé a bien dormi, il est réveillé et pleure parce qu'il a faim. Papa le lève, lui donne le biberon, le change, lui fait la toilette, l'habille, joue avec lui. Puis il emmène en promenade dans un sac kangourou ou avec une poussette.
- C'est l'heure d'aller promener les bébés. Comment allons-nous faire ? Qui est le papa ? Qui est la maman ?

Avec les poupées et les poupons

- Ce matin, les poupées n'ont pas eu le temps de prendre leur petit-déjeuner ! Qu'allons-nous faire ?
- Les poupées ont envie d'écouter une histoire avant d'aller se coucher. Maman ou papa, grande sœur ou grand frère leur raconte une histoire.
- Avant d'aller se coucher, les poupées prennent le bain.
- Les poupées sont malades. Elles ont des boutons rouges sur le corps (tracés préalablement au crayon de couleur). C'est la varicelle ! Il faut appeler le docteur !
- Aujourd'hui, les poupées sont à l'école. Elles choisissent un jeu et s'installent à une table.
- C'est l'anniversaire d'une poupée. Elle reçoit toutes ses amies pour le gouter.

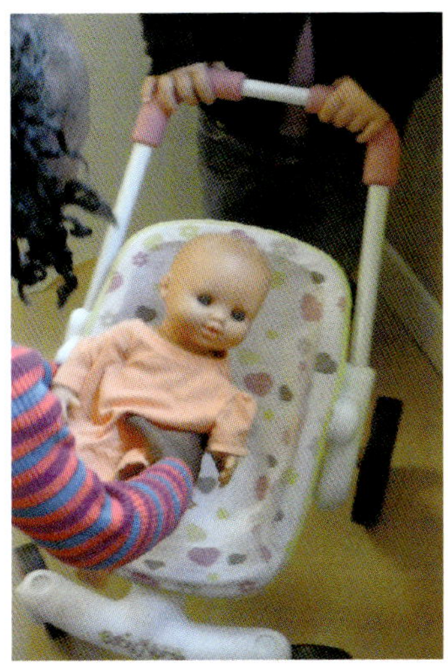

CRITÈRES DE RÉUSSITE

- **Entre en communication avec un enfant ou un adulte de façon verbale ou non verbale.**
- **Formule une demande, une réponse, une proposition.**
- **S'engage dans un échange dans le cadre du jeu.**

JOUER À HABILLER LES POUPÉES

FONCTIONS DU LANGAGE MOBILISÉES

Imaginative
Pour créer son propre environnement, inventer son monde.

Régulatrice
Pour contrôler le comportement d'autrui.

SCÈNE DE LANGAGE

Les élèves souhaitent sortir en récréation avec les poupées. Un petit groupe discute pour savoir comment habiller les poupées alors qu'il fait froid (ou chaud). Ils anticipent les actions à effectuer, discutent pour savoir dans quel ordre procéder et proposent des solutions. Pendant l'habillage, ils travaillent par deux, ce qui les oblige à échanger pour habiller leur poupée.

OBJECTIFS LANGAGIERS

Proposer des solutions pour résoudre un problème.

Utiliser le langage dans des jeux à plusieurs.

CONDUITES LANGAGIÈRES

Anticiper, justifier, expliquer, établir le contact avec un camarade, demander, discuter.

LEXIQUE ET SYNTAXE MOBILISÉS

Langage en production

Se saisir d'un nouvel outil linguistique que l'enseignant lui fournit quand il lui manque, en situation, pour chercher et expliquer comment habiller les poupées.
Désigner les actions, justifier le choix des vêtements et l'ordre de l'habillage.
Noms : vêtements, parties du corps, couleurs.
Verbes : habiller/déshabiller, boutonner/déboutonner, serrer/desserrer, enfiler, chausser, mettre, fermer, lacer, choisir, poser, empiler, ranger, plier.
Expressions relatives à la taille : trop grand, trop petit, long/court.
Indicateurs de temps : maintenant, je vais lui mettre..., après, ensuite, puis, avant. Quand on sort, il faut...

PETIT GROUPE DE LANGAGE DE 6 ÉLÈVES PUIS SITUATION DUELLE AVEC UN CAMARADE LORS DE L'HABILLAGE DE LA POUPÉE

20 à 30 minutes

MATÉRIEL ET SUPPORTS

★ Trois poupées ou poupons de grande taille pour pouvoir les habiller avec des vêtements d'enfants.

★ Des vêtements adaptés aux scénarios proposés et à la météo du moment.

Phase 1 RÉFLÉCHIR AVANT D'AGIR

Les élèves souhaitent sortir en récréation avec les poupées.

RÔLE DE L'ENSEIGNANT

- Complexifier la situation en rappelant qu'il fait froid (ou chaud) dehors. Inciter les élèves à anticiper le choix des habits. Les amener à prévoir l'ordre de l'habillage en leur faisant part, si nécessaire, de son étonnement s'il n'est pas respecté.

TÂCHE DES ÉLÈVES

- Faire des propositions, anticiper les actions à effectuer.

DIFFÉRENCIATION

- Consolider le lexique des élèves qui en ont besoin. Les regrouper pour consulter un imagier ou un album racontant l'histoire d'un personnage qui s'habille comme *L'âne Trotro s'habille* ou *Petit Ours Brun s'habille*. Nommer les vêtements et désigner les actions effectuées.

Phase 2 ÉCHANGER À DEUX POUR POUVOIR HABILLER UNE POUPÉE

RÔLE DE L'ENSEIGNANT

- Apporter les mots nécessaires, reformuler pour enrichir les structures syntaxiques, questionner, encourager et aider les élèves dans les manipulations.

TÂCHE DES ÉLÈVES

Les élèves travaillent par deux. Chaque binôme se charge d'habiller une poupée.

- Choisir des vêtements, justifier son choix.
- S'entraider et entrer en communication pendant l'habillage. Formuler des demandes, des propositions et solliciter son camarade.

RÉACTIVATION - CONSOLIDATION

- Cette activité est reprise tout au long de l'année, quand les élèves le souhaitent, lors de leurs jeux au coin poupées. Ils inventent de petits scénarios qui justifient des tenues différentes.
- Exemples de scénarios
  - La poupée va jouer au foot.
  - La poupée va à la piscine.
  - La poupée est fatiguée, elle se prépare pour aller à la sieste.

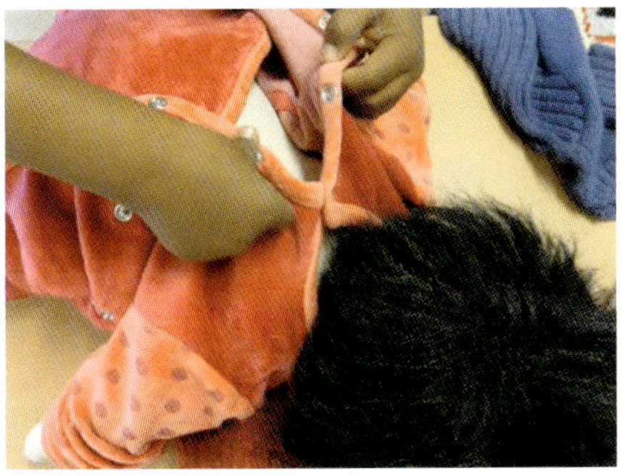

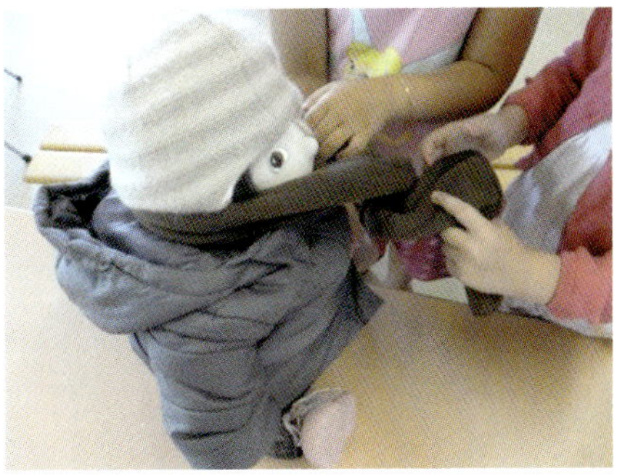
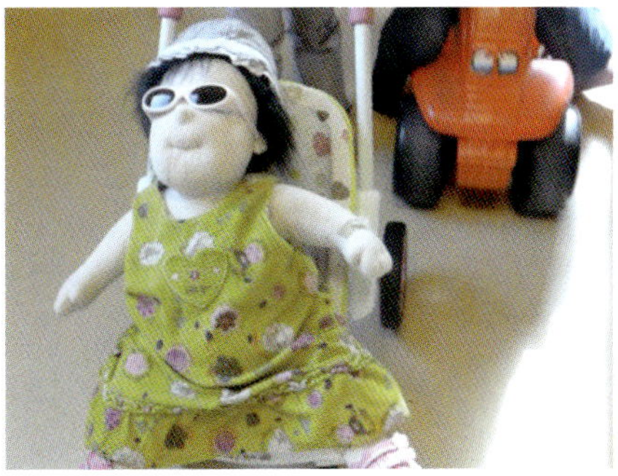

CRITÈRES DE RÉUSSITE

- **Participe à la discussion en petit groupe.**
- **Entre en communication avec son camarade lors de l'habillage de la poupée.**

RANGER LES VÊTEMENTS

FONCTIONS DU LANGAGE MOBILISÉES

Informative
Pour échanger des informations avec autrui.

Régulatrice
Pour contrôler le comportement d'autrui.

SCÈNE DE LANGAGE

Un petit groupe d'élèves cherche comment ranger les vêtements du coin poupées. Ils proposent des solutions, échangent sur les tris proposés par les autres élèves et discutent en défendant leur point de vue.

OBJECTIFS LANGAGIERS

Proposer des solutions pour ranger les vêtements.

Acquérir un vocabulaire pertinent concernant les actes du quotidien.

CONDUITES LANGAGIÈRES

Expliquer, justifier, donner des consignes, commenter.

LEXIQUE ET SYNTAXE MOBILISÉS

Langage en réception

Acquérir un vocabulaire pertinent concernant les actes du quotidien pour comprendre les critères de tris des vêtements choisis par le groupe.

Langage en production

Utiliser un vocabulaire pertinent concernant les actes du quotidien pour anticiper ce qu'il va faire lors du rangement, justifier et expliquer ses choix.
Verbes: prendre, mettre ensemble, mettre avec, mettre dans, ranger dans, ranger avec.

PETIT GROUPE DE 6 ÉLÈVES
20 minutes

MATÉRIEL ET SUPPORTS

★ Les vêtements du coin poupées.

Tri des vêtements selon un critère choisi par les élèves.

Tri des vêtements pour les filles.

RÔLE DE L'ENSEIGNANT

- Proposer de ranger le coin poupées car les élèves rencontrent des problèmes à trouver ce dont ils ont besoin.
- Faire chercher comment trier les vêtements.
- Relancer l'activité en proposant des critères de tri et questionner les élèves en cours d'activité.

DIFFÉRENCIATION

- Cette séance peut être proposée dans le cadre des APC pour apporter une aide personnalisée aux élèves qui rencontrent des difficultés à catégoriser.
- Jeu de l'intrus : trouver l'intrus dans une collection d'habits et justifier sa réponse.

TÂCHE DES ÉLÈVES

- Proposer des critères de tri pour ranger les vêtements : vêtements pour les filles, pour les garçons, pour les deux, pour l'hiver, pour l'été, par catégories (chaussettes, chaussures, culottes, pulls, robes, pyjamas...)
- Comparer certains habits : matière (chaussures en cuir, fourrure, laine, caoutchouc...), types de fermetures (lacets, Velcro, languettes, fermetures Éclair...), taille, couleur...
- Choisir une image générique à fixer sur chaque panier ou sur chaque étagère pour faciliter le rangement en autonomie.

Tri des habits à mettre quand il fait froid.

Tri de ce que l'on peut mettre aux pieds.

Un élève compare la taille des habits de la poupée avec les siens.

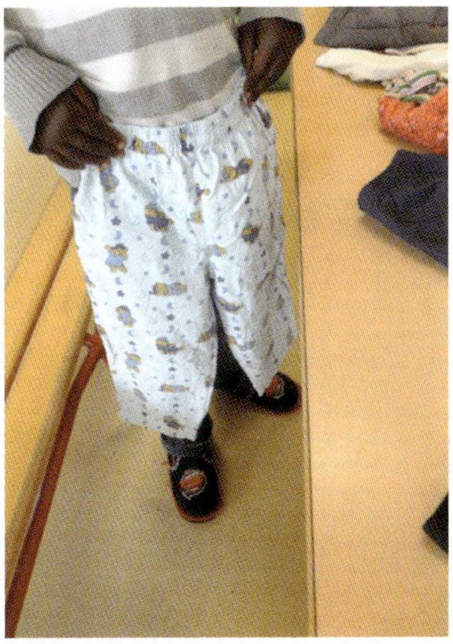

Tri des chaussettes et des chaussures.

CRITÈRES DE RÉUSSITE

- **Ose parler dans le petit groupe.**
- **Propose un critère de tri.**

JOUER AUX DEVINETTES
AVEC LILI ET FILOU

FONCTIONS DU LANGAGE MOBILISÉES

Imaginative
Pour créer son propre environnement, inventer son monde.

Heuristique
Pour en savoir plus sur le monde.

SCÈNE DE LANGAGE

En petit groupe, les élèves mémorisent les questions et les réponses du jeu *Lili s'habille et Filou s'habille* présentés sous la forme de diaporamas par l'enseignant. Quand ils connaissent bien ces deux diaporamas, les élèves de MS les présentent à des élèves d'une autre classe.

OBJECTIFS LANGAGIERS

Être attentif lors de l'écoute d'une question et la comprendre.

Comprendre un texte écrit illustré, lu par l'enseignant.

CONDUITES LANGAGIÈRES

Écouter, comprendre, formuler des hypothèses, énumérer, justifier.

LEXIQUE ET SYNTAXE MOBILISÉS

Langage en réception

Acquérir un vocabulaire pertinent concernant les actes du quotidien.
Comprendre des phrases interrogatives complexes du type «*Que porte Lili quand elle fait du vélo?*»

Langage en production

Justifier ses réponses en utilisant *parce que*, *pour*.
Utiliser à bon escient le lexique de l'habillage dans des phrases.
Mémoriser les questions et les réponses et les reformuler lors de la présentation à un groupe d'élèves qui ne connait pas le jeu et le diaporama.

TRAVAIL AVEC UNE DEMI-CLASSE.

UN GROUPE SERA CHARGÉ DE PRÉSENTER LE DIAPORAMA *LILI S'HABILLE* À L'AUTRE DEMI-CLASSE.

INVERSEMENT, L'AUTRE GROUPE PRÉSENTERA LE DIAPORAMA *FILOU S'HABILLE.*

Séance de 20 minutes à répéter autant de fois que nécessaire

MATÉRIEL ET SUPPORTS

★ Les diaporamas *Lili s'habille* et *Filou s'habille* **(pages 90 et 91 et ☁).**

RÔLE DE L'ENSEIGNANT

- Projeter les deux premières pages du diaporama *Lili s'habille* **(page 90 et** **)**. Présenter le personnage et raconter que Lili ne s'habille pas toujours de la même manière. Elle change de tenue selon le temps qu'il fait et les activités qu'elle mène.
- Expliquer la règle du jeu : les élèves doivent deviner les habits que porte Lili dans les différentes activités.
- Poser des questions du type « Que porte Lili quand elle fait du vélo ? »
- Proposer aux élèves d'animer le jeu à sa place dans les séances suivantes puis de l'animer devant l'autre moitié de la classe qui a travaillé avec le diaporama *Filou s'habille* **(page 91 et** **)**.

TÂCHE DES ÉLÈVES

- Répondre aux questions de l'enseignant et trouver le plus de vêtements possibles. Valider ses réponses en regardant la diapositive qui suit.
- Comprendre la fonction des différents vêtements et accessoires.
- Lors des séances suivantes, prendre la place de l'enseignant et poser les questions aux élèves du groupe.
- Présenter le diaporama à la classe qui ne le connait pas.

DIFFÉRENCIATION

- En MS, présenter le diaporama à un groupe d'une autre classe.

DIAPO 1
Que porte Lili quand elle fait du vélo avec son doudou ?

DIAPO 2
C'est une vraie championne. Elle porte un casque, un short et un maillot jaune. Bientôt, elle n'aura plus besoin des roulettes.

CRITÈRES DE RÉUSSITE

- **Comprend les questions.**
- **Participe au jeu en formulant quelques réponses.**

DIAPORAMA **Séance 4**

Lili s'habille

OBJECTIFS LANGAGIERS

- Mémoriser les questions et les réponses, les reformuler lors de la présentation à un groupe d'élèves qui ne connait ni le jeu ni le diaporama.
- Comprendre la fonction des différents vêtements et accessoires.

Que porte Lili quand elle fait du vélo avec son doudou ?
C'est une vraie championne. Elle porte un casque, un short et un maillot jaune. Bientôt, elle n'aura plus besoin des roulettes.

Que porte Lili quand il pleut ?
Elle porte un manteau de pluie et des bottes en caoutchouc. Elle s'amuse à sauter dans les flaques d'eau.

Que porte Lili quand elle fait du bob ?
Elle porte son anorak, son bonnet, ses moufles, son écharpe et ses bottes fourrées. Elle a mis un bonnet à son doudou pour qu'il n'ait pas froid.

Que porte Lili quand elle bricole ?
Elle porte une salopette, des baskets et un vieux tee-shirt rouge. Elle construit une maison pour les oiseaux.

Que porte Lili quand elle va au bord de la mer ?
Elle porte une jupe, un tee-shirt, des sandales, un grand chapeau et des lunettes de soleil. Elle enlève ses sandales quand elle veut marcher au bord de l'eau.

DIAPORAMA **Séance 4**

Filou s'habille

OBJECTIFS LANGAGIERS

- Mémoriser les questions et les réponses, les reformuler lors de la présentation à un groupe d'élèves qui ne connait ni le jeu ni le diaporama.
- Comprendre la fonction des différents vêtements et accessoires.

Que porte Filou quand il fait des crêpes ?
Il porte un tablier et une toque de cuisinier. Il fait sauter les crêpes jusqu'au plafond !

Que porte Filou quand il joue au ballon ?
Il porte son survêtement et ses chaussures à crampons. Il marque des buts à son doudou.

Que porte Filou quand il joue dans la neige ?
Il porte sa doudoune, son bonnet, son écharpe et ses bottes fourrées. Il n'oublie jamais de mettre ses moufles pour construire un grand bonhomme de neige.

Que porte Filou quand il va se coucher ?
Il porte son pyjama rayé. Il range toujours ses chaussons sous son lit.

Que porte Filou quand il va à l'école ?
Aujourd'hui, il porte un jean avec une ceinture comme son papa. Il aime porter son pull rouge et mettre une chemise. Quand il fait du sport, il met ses baskets.

Les trois ours

FONCTION DU LANGAGE MOBILISÉE

Imaginative
Pour créer son propre environnement, inventer son monde.

LEXIQUE ET SYNTAXE MOBILISÉS

Langage en réception

Comprendre un texte raconté puis lu par l'enseignant.
Comprendre le vocabulaire et des phrases longues complexes.
Se repérer dans le temps de l'histoire, comprendre que des actions se déroulent en simultané : pendant ce temps.
Traiter les mots du temps : il était une fois, un matin, pendant ce temps, en attendant que, ensuite, d'abord, puis, enfin, un peu plus tard...

Langage en production

En PS, reformuler quelques éléments de l'histoire.
En MS, raconter l'histoire, la jouer.
Mémoriser certaines répliques du type « Quelqu'un a dormi dans mon lit. »
Jouer avec sa voix pour bien différencier les personnages.

Les trois ours
Byron Barton
© L'école des loisirs édition cartonnée 2013

Intérêt de l'album

Il existe de nombreuses versions de cette histoire. Celle de Byron Barton est bien adaptée aux enfants de PS-MS. Des comparaisons avec d'autres versions sont intéressantes à mener avec les élèves une fois que l'histoire est bien connue. Cette histoire permet de parler du respect des autres (de leurs biens) et de la violation de l'intimité. Certaines choses sont à moi – ce qui m'appartient – je peux les prêter mais elles restent à moi.

étape 1

Comprendre l'histoire racontée avec des marionnettes

▸ **COMPRENDRE ET APPRENDRE**
Être attentif lors de l'écoute d'une histoire et la comprendre.

GROUPE CLASSE • 20 MINUTES

Matériel Des marionnettes ou une poupée et trois ours en peluche, trois bols, trois chaises, trois lits de tailles différentes, une petite table.

1 L'histoire est racontée simplement, mise en scène et jouée par l'enseignant en utilisant le matériel dans un espace représentant la maison.

2 Il veille à rendre explicite le fait que les actions de Boucle d'or se déroulent en l'absence des ours.

3 Cette histoire est racontée à nouveau dans la journée avec le matériel.

Pour raconter, l'enseignant aura anticipé et mémorisé les étapes de son récit et sa façon de raconter. Il n'hésite pas à répéter, paraphraser, reformuler le texte, rendre explicite certains éléments, jouer avec sa voix, utiliser la gestuelle. Il laisse ensuite les élèves manipuler le matériel et encourage leurs prises de parole.

étape 2
Comprendre les illustrations du diaporama

▶ **ÉCHANGER ET RÉFLÉCHIR AVEC LES AUTRES**
Discuter en défendant son point de vue, en posant des questions.

PETIT GROUPE • 15 MINUTES

Matériel Le diaporama *Les trois ours* **(page 93 et** ☁**)**.

1 Demander aux élèves ce dont ils se souviennent après avoir entendu l'histoire racontée avec les marionnettes.

2 Observer et chercher à comprendre ensemble les illustrations de l'album.

3 Encourager les essais des élèves pour retrouver les personnages, les lieux et les événements. Les laisser reformuler, dire avec leurs mots certains éléments du récit.

étape 3
Comprendre l'histoire racontée avec un diaporama

▶ **COMPRENDRE ET APPRENDRE**
Être attentif lors de l'écoute d'une histoire et la comprendre.

GRAND GROUPE • 20 MINUTES

Matériel Le diaporama *Les trois ours* **(page 93 et** ☁**)**.

1 Raconter à nouveau l'histoire en s'appuyant uniquement sur les images du diaporama **(page 93 et** ☁**)**.

2 Échanger à propos de la compréhension de l'histoire à partir de questions ouvertes du type «À votre avis, pourquoi les ours ne sont-ils pas contents quand ils découvrent Boucle d'or dans le lit?» et «Pourquoi Boucle d'or se sauve-t-elle quand elle voit les ours?»

DIAPORAMAS
POUR APPRENDRE À PARLER

DIAPORAMA **Séance 3**

Les trois ours

étape 4

Comprendre l'histoire lue par l'enseignant

▸ **ÉCOUTER DE L'ÉCRIT ET COMPRENDRE**
Comprendre une histoire lue par l'enseignant.

GRAND GROUPE • 15 MINUTES.

Matériel L'album *Les trois ours,* le coin écoute.

1 L'histoire est lue par l'enseignant sans montrer les images.

2 Échanges avec les élèves pour comprendre les sentiments des personnages.

3 Écoute répétée du texte au coin écoute en feuilletant l'album.

4 Après plusieurs séances d'écoute, reformulation de certaines parties de l'histoire au coin livres en relation duelle avec l'enseignant.

étape 5

Jouer au coin jeux *Les trois ours*

▸ **COMPRENDRE ET APPRENDRE**
Raconter une histoire en la jouant.
Jouer sur sa voix pour distinguer les paroles de chacun des personnages.

PETIT GROUPE • 15 MINUTES • SÉANCE RÉPÉTÉE PENDANT DEUX SEMAINES.

Matériel Tout le matériel de la séance 1 et tous les livres de Boucle d'or de la classe pour créer un coin jeux réservé à l'histoire de Boucle d'or.

1 Jeu libre dans le coin jeux de Boucle d'or. Les élèves disent quel personnage ils jouent, ce qu'ils vont faire, où ils se trouvent, imitent la voix des personnages, mémorisent et répètent les formules du type « Quelqu'un a gouté ma soupe ! ».

2 Profiter de ce moment en petit groupe pour faire raconter à nouveau l'histoire.

3 En MS, quatre élèves jouent les différentes scènes de l'histoire avec le matériel pendant que l'enseignant la lit. Ils disent les paroles du personnage qu'ils manipulent.

Les élèves jouent l'histoire avec le matériel mis à leur disposition : albums, trois ours en peluche, une poupée, des éléments de décor (trois chaises de tailles différentes, une petite table, trois lits de poupée), trois bols, trois cuillères, une petite maison en bois ou construite avec des jeux de construction de la classe (Duplo, Clipo).

Réactivation

Lire d'autres versions de l'histoire

▸ **ÉCOUTER DE L'ÉCRIT ET COMPRENDRE**
Comprendre une histoire lue par l'enseignant

PETIT GROUPE • 15 MINUTES.

Matériel Plusieurs albums de *Boucle d'or et les trois ours.*

1 Manipulation en petit groupe d'autres livres racontant l'histoire de Boucle d'or.

2 Retrouver une même étape de l'histoire dans différents livres.

3 En grand groupe, lecture quotidienne d'une version de l'histoire sans exploration de la compréhension.

Boucle d'or et les trois ours
Robert Southey et Marion Billet
© Seuil Jeunesse 2012

Réactivation

En MS, illustrer un album

▸ **ÉCOUTER DE L'ÉCRIT ET COMPRENDRE**
Comprendre une histoire lue par l'enseignant.

▸ **ÉCHANGER ET RÉFLÉCHIR AVEC LES AUTRES**
Proposer des solutions pour résoudre un problème.

PETIT GROUPE • 15 MINUTES.

Matériel Des photographies des marionnettes et les objets fabriqués pour illustrer l'histoire.

Dans le domaine *Explorer le monde des objets*, les élèves *ont cherché comment fabriquer une maison avec des éléments de jeux de construction Clipo ou Duplo. Ils ont cherché également comment fabriquer des chaises de différentes tailles avec des Lego. Ces éléments sont photographiés et utilisés pour illustrer un album dont le texte a été rédigé par l'enseignant.*
Chaque élève du groupe est chargé d'illustrer des scènes de l'histoire dans le cadre d'un projet de fabrication d'un album individuel.

1 Lecture par l'enseignant du texte correspondant à une scène de l'histoire.

2 Chaque élève reçoit un lot d'images. Recherches et discussions pour choisir celle qui correspond au texte entendu. Les pages sont réalisées au fur et à mesure.

3 Raconter l'histoire en s'aidant de l'album réalisé et en jouant sur sa voix.

Extraits de l'album réalisé par les élèves à partir de photographies des éléments utilisés pour jouer les scènes de *Boucle d'or et les trois ours.*

LOUP Y ES-TU ?

Scènes d'émotion

Situation motivante

Les enfants de cet âge apprécient les jeux où l'on s'attrape et où l'on s'échappe. Ils vont pouvoir apprendre la chanson *Loup y es-tu?* et jouer en salle de jeu. Ils aiment ressentir la peur, comme s'ils avaient besoin de jouer avec le côté excitant et vivant de celle-ci. Accompagnés par l'adulte, les enfants jouent à avoir peur et ressentent des émotions.

Objectifs langagiers

Cette situation de jeu permet aux élèves d'évoquer leurs exploits en salle de jeu et les émotions liées à leur peur d'être capturé par le loup. Ils vont mémoriser le texte de la chanson et acquérir des mots dans le champ lexical de l'habillement.

Place dans la programmation

Au cours de la séquence, les élèves retrouveront le personnage du loup dans le cadre de la lecture de l'album *Je m'habille et... je te croque!* Ce sera l'occasion de réactiver et d'enrichir le capital de mots du champ lexical de l'habillement.

Mobiliser le langage dans toutes ses dimensions

	L'ORAL
✗	Oser entrer en communication
✗	Comprendre et apprendre
✗	Échanger et réfléchir avec les autres
✗	Commencer à réfléchir sur la langue et acquérir une conscience phonologique

	L'ÉCRIT
✗	Écouter de l'écrit et comprendre
	Découvrir la fonction de l'écrit
	Commencer à produire des écrits et en découvrir le fonctionnement
	Découvrir le principe alphabétique
	Commencer à écrire tout seul

SÉANCE 1
Langage oral

ÉCOUTER ET COMPRENDRE LA CHANSON *LOUP Y ES-TU?*

▸ **Comprendre et apprendre**

Écouter attentivement et comprendre la chanson *Loup y es-tu?*
Mémoriser les noms des habits cités dans la chanson *Loup y es-tu?*

SÉANCE 2
Langage oral

JOUER À *LOUP Y ES-TU?*

▸ **Oser entrer en communication**

Utiliser le langage dans des jeux à plusieurs: le jeu *Loup y es-tu?*

▸ **Comprendre et apprendre**

Mémoriser le refrain de la chanson *Loup y es-tu?*
Chanter devant les autres.

SÉANCE 3
Langage oral
Langage écrit

JOUER UNE SCÈNE DE *JE M'HABILLE ET… JE TE CROQUE!*

▸ **Écouter de l'écrit et comprendre**

Comprendre un texte écrit lu par l'enseignant.
Feuilleter un album connu pour raconter ou se raconter l'histoire.

SÉANCE 4
Langage oral

MAITRISER ET ENRICHIR SON VOCABULAIRE: LES VÊTEMENTS

▸ **Commencer à réfléchir sur la langue et acquérir une conscience phonologique**

S'intéresser aux mots nouveaux qu'on rencontre pour les comprendre et les utiliser.

SÉANCE 5
Langage oral

FORMULER DES DEMANDES EN JOUANT AU JEU DU LOUP

▸ **Échanger et réfléchir avec les autres**

Formuler une demande, questionner et expliquer en situation de jeu.

ÉCOUTER ET COMPRENDRE LA CHANSON *LOUP Y ES-TU?*

FONCTION DU LANGAGE MOBILISÉE

Imaginative
Pour créer son propre environnement, inventer son monde.

SCÈNE DE LANGAGE

Les élèves découvrent le contenu de la valise du loup placée au coin regroupement. Ils se questionnent et formulent des hypothèses sur son contenu. Au fur et à mesure de leur présentation, ils nomment les habits contenus dans la valise. Ils écoutent la chanson *Loup y es-tu?*, en commentent et en reformulent quelques éléments.

OBJECTIFS LANGAGIERS

Écouter attentivement et comprendre la chanson *Loup y es-tu?*

Mémoriser les noms des habits cités dans la chanson *Loup y es-tu?*

CONDUITES LANGAGIÈRES

Donner son avis, nommer, catégoriser, écouter et comprendre, reformuler et énumérer, anticiper.

LEXIQUE ET SYNTAXE MOBILISÉS

Langage en réception et en production

Mémoriser le nom des habits cités dans la chanson *Loup y es-tu?*: un pantalon, une robe, un pull, une chemise, des bottes, des chaussures, une veste, un manteau, un chapeau, une casquette.
Produire des phrases avec des présentatifs du type «C'est un pantalon», «Ce sont des chaussures», «Voilà une chemise bleue».

PETIT GROUPE DE LANGAGE DE 5 À 8 ÉLÈVES

20 minutes

MATÉRIEL ET SUPPORTS

★ Une valise contenant des habits que les enfants pourront enfiler facilement lors du jeu: un pantalon, une robe, un pull ou un gilet, une chemise, une paire de bottes, des paires de chaussures, une veste, un manteau, un chapeau, une cravate, une casquette.

LOUP Y ES-TU ?

Promenons-nous dans les bois,
Pendant que le loup n'y est pas.
Si le loup y était
Il nous mangerait,
Mais comme il n'y est pas,
Il nous mangera pas.
Loup, y es-tu ? Entends-tu ? Que fais-tu ?

Réponses d'un loup de PS
Je mets ma chemise.
Je mets mon pantalon.
Je mets mes bottes.
Je mets mon manteau.
....

Réponses d'un loup de MS
Je mets ma chemise.
Je noue ma cravate.
Je passe mon pantalon.
Je chausse mes bottes.
J'enfile mon manteau.
Je boutonne mon manteau.
....
Refrain...

J'ARRIVE !

RÔLE DE L'ENSEIGNANT

- Amener les élèves à se questionner.
  À votre avis, à qui appartient cette valise ? Pourquoi est-elle dans notre classe ? Que contient-elle ?
  Utiliser un questionnement indirect
  « Je me demande si, qui, que, pourquoi... »
- Aider les élèves à préciser la fonction de certains habits avec des questions du type « À quoi servent les bottes ? », « Quand les porte-t-on ? », « Quelles personnes portent une cravate ? »
- Expliquer que ces habits seront utilisés pour jouer à *Loup y es-tu ?*
- Chanter la chanson de *Loup y es-tu ?*

DIFFÉRENCIATION

- Prévoir de renouveler la situation autant que nécessaire pour les élèves qui en ont besoin.

TÂCHE DES ÉLÈVES

- Se questionner et formuler des hypothèses sur le contenu de la valise du loup.
- Au fur et à mesure de leur présentation, nommer les habits. Chercher tout ce qui se porte sur la tête puis tout ce que l'on met aux pieds et enfin tout ce qui se porte sur le corps.
- Écouter la chanson *Loup y es-tu ?*
- Lister oralement les vêtements lors du rangement dans la valise.

CRITÈRES DE RÉUSSITE

- **Est attentif lors de l'écoute de la chanson *Loup y es-tu ?***
- **Nomme un seul, plusieurs ou tous les vêtements.**

JOUER À *LOUP Y ES-TU ?*

FONCTION DU LANGAGE MOBILISÉE

Ludique
Pour jouer avec la langue.

SCÈNE DE LANGAGE

En salle de jeu, les élèves s'approprient le refrain de la chanson *Loup y es-tu?* en se déplaçant et en chantant. Au retour de la salle de jeu, ils aident l'enseignant à raconter à la marionnette de la classe ce qui s'y est passé. Ils expriment leur ressenti personnel et évoquent les moments où ils ont eu peur.
Ils expliquent leurs stratégies pour éviter d'être capturés par le loup.

OBJECTIFS LANGAGIERS

Utiliser le langage dans des jeux à plusieurs : le jeu de *Loup y es-tu?*

Mémoriser le refrain de la chanson *Loup y es-tu?*

Chanter devant les autres.

CONDUITES LANGAGIÈRES

Écouter, comprendre, chanter, questionner, raconter, expliquer, exprimer son ressenti personnel.

LEXIQUE ET SYNTAXE MOBILISÉS

Langage en réception

Comprendre et mémoriser le texte de la chanson *Loup y es-tu?*
Verbes (MS) : mettre, enfiler, nouer, chausser, passer, boutonner.
Mémoriser les structures syntaxiques de la chanson : le questionnement par inversion du sujet.

Langage en production

Utiliser le pronom *je* pour parler de soi : nommer les actions réalisées et exprimer son ressenti lors du jeu.
Verbes (MS) : se sauver, attraper, courir, avoir peur, se réfugier.
En MS, produire des phrases négatives du type « J'ai eu peur/Je n'ai pas eu peur ».

CLASSE ENTIÈRE OU DEMI-CLASSE EN SALLE DE JEU

20 à 30 minutes

MATÉRIEL ET SUPPORTS

★ Une valise contenant des habits que les élèves pourront enfiler facilement lors du jeu : un pantalon, une robe, un pull-over, une chemise, des bottes, des chaussures, une veste, un manteau, un chapeau, une casquette.
★ Des plots pour délimiter les espaces en salle de jeu : la maison du loup, l'aire de promenade et le refuge.

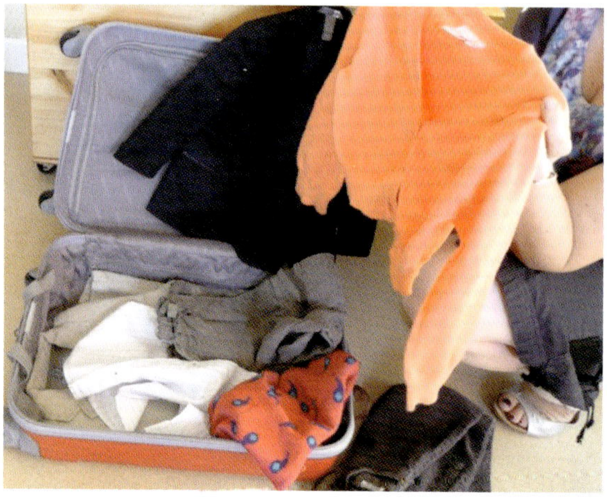

SCÉNARIO

- **L'enseignant assure le rôle du loup en jouant sur sa voix. Il mène la promenade pendant une ou plusieurs séances pour donner du rythme au jeu. Les promeneurs reprennent la comptine. Le loup sort de sa cachette quand il veut mais obligatoirement après les réponses aux questions et en disant « J'ARRIVE ! » Le suspense réside dans le fait qu'il peut sortir après avoir revêtu le premier habit comme après le septième. Une fois à découvert, le loup tente d'attraper les promeneurs. Les élèves peuvent se réfugier dans une zone qui a été délimitée au début du jeu. À la fin du jeu, on compte le nombre d'élèves que le loup a capturés.**
- **L'enseignant ajoute progressivement des habits dans la valise du loup pour élargir la connaissance du vocabulaire et créer un effet de surprise. Il peut ajouter un béret, une salopette, des chaussures à talons.**

• Phase 1 MÉMORISER LE REFRAIN DE LA CHANSON

RÔLE DE L'ENSEIGNANT

- Annoncer qu'on va jouer à *Loup y es-tu?* Chanter en se déplaçant avec les élèves.
- Jouer le rôle du loup. Répondre « Je mets (l'habit de son choix) ». Dans un deuxième temps, le loup répond en utilisant d'autres verbes : nouer, passer, chausser, enfiler, boutonner.

TÂCHE DES ÉLÈVES

- S'approprier d'abord la comptine en se déplaçant et en chantant. Choisir et désigner un endroit proche où pourrait se cacher le loup.
- Se disperser, marcher et chanter le début de la chanson. S'arrêter, puis d'une seule voix, tous ensemble, poser les questions du type « Loup y es-tu ? », « Entends-tu ? », « Que fais-tu ? »

• Phase 2 ÉVOQUER SES ÉMOTIONS

RÔLE DE L'ENSEIGNANT

- Au retour de la salle de jeu, raconter à la marionnette de la classe ce qu'il a observé au cours du jeu et engager les élèves à donner leur point de vue. Questionner sur les moments où ils ont ressenti de la peur.

TÂCHE DES ÉLÈVES

- Exprimer leur ressenti personnel. Évoquer certains exploits et les moments où ils ont eu peur. Expliquer leurs stratégies pour éviter d'être capturés par le loup.

DIFFÉRENCIATION

- Pour mémoriser, faire répéter le texte de la chanson dans des contextes variés.
- Mettre en contact l'élève avec le texte de la chanson en diversifiant les supports : lecture d'un album, écoute d'un CD et manipulation de marionnettes.

CRITÈRES DE RÉUSSITE

- **Participe au jeu, comprend les différentes consignes.**
- **Répète certains mots ou certaines phrases de la chanson.**
- **Chante une partie de la chanson *Loup y es-tu ?* avec le soutien de l'enseignant.**

JOUER UNE SCÈNE
DE *JE M'HABILLE ET... JE TE CROQUE!*

FONCTION DU LANGAGE MOBILISÉE

Ludique
Pour jouer avec la langue.

SCÈNE DE LANGAGE

Un petit groupe d'élèves découvre les illustrations de l'album *Je m'habille et... je te croque!*
Ils formulent des hypothèses sur le déroulement de l'histoire. Ils nomment les vêtements reconnus et décrivent les actions du loup. Ils écoutent le texte lu par l'enseignant, réagissent et comparent avec leur vécu. Ils valident ou invalident leurs hypothèses.

OBJECTIFS LANGAGIERS

Comprendre un texte écrit lu par l'enseignant.

Feuilleter un album connu pour raconter ou se raconter l'histoire.

CONDUITES LANGAGIÈRES

Écouter, comprendre, anticiper, décrire, reformuler, raconter, mémoriser et dire le texte, jouer la scène.

LEXIQUE ET SYNTAXE MOBILISÉS

Langage en réception

Comprendre et mémoriser le texte de l'album.
Nommer avec exactitude les vêtements cités dans l'album.

Langage en production

Produire des phrases correctement construites en utilisant les pronoms *je* ou *il* et les déterminants possessifs *mon*, *ma*, *mes*, *sa*, *son* et *ses*.

UN PETIT GROUPE DE LANGAGE DE 5 À 8 ÉLÈVES

3 phases de 20 minutes réparties sur 2 jours

MATÉRIEL ET SUPPORTS

★ L'album *Je m'habille et... je te croque!*
★ Six albums *Je m'habille et... je te croque!*

Je m'habille et... je te croque!
Bénédicte Guettier
© L'école des loisirs 2000

Phase 1 S'EXPRIMER À PARTIR DES ILLUSTRATIONS

RÔLE DE L'ENSEIGNANT

- Présenter toutes les illustrations de l'album *Je m'habille et... je te croque!* en tournant les pages en silence. Recueillir les commentaires et les hypothèses des élèves. Soutenir les productions de chacun, reformuler, enrichir leur expression, préciser l'emploi de connecteurs (*puis, après, ensuite*) et du lexique.

TÂCHE DES ÉLÈVES

- Observer les illustrations et formuler des hypothèses sur la suite de l'histoire. Établir des liens avec les activités vécues en classe précédemment. Nommer les vêtements reconnus et décrire les actions du loup.

Phase 2 S'APPROPRIER LE TEXTE DE L'ALBUM

RÔLE DE L'ENSEIGNANT

- Lire le texte de l'album en jouant sur sa voix sans montrer les images. Demander aux élèves de mémoriser les actions du loup pour être capables de les restituer dans l'ordre chronologique.

TÂCHE DES ÉLÈVES

- Écouter le récit, réagir et comparer avec leurs hypothèses de départ. Rappeler ensuite les différentes actions du loup. Valider leurs propositions progressivement en tournant les pages de l'album. Utiliser le pronom personnel *il* et les déterminants possessifs *sa*, *son* et *ses*. Exemple: *Il* a mis *sa culotte / après il a mis son tee-shirt...*

DIFFÉRENCIATION

- Pour aider les élèves qui ont besoin de plus de temps pour mémoriser le texte, installer un coin écoute (un lecteur CD, une multiprise pour casques audio et un casque pour chaque élève du groupe). Le texte est enregistré par l'enseignant. Des moments de lecture de l'album sont proposés pour un ou deux élèves à différents moments de la journée, à l'accueil par exemple.
- Jeu de langage avec une série de six exemplaires de l'album *Je m'habille et... je te croque!*

Phase 3 JOUER LA SCÈNE

RÔLE DE L'ENSEIGNANT

- Demander aux élèves de mimer chacune des actions du loup en disant le texte correspondant et en s'aidant des illustrations. Encourager les élèves, reformuler si nécessaire, poser des questions.

TÂCHE DES ÉLÈVES

- Reformuler ou dire le texte en mimant chacune des actions du loup.

Chaque élève dispose d'un album et le feuillette. Chacun à son tour, un élève choisit, sans la montrer, une illustration de l'album, dit le texte correspondant puis demande à ses camarades de trouver la page correspondante dans l'album. L'enseignant vérifie que chacun a trouvé la bonne image.

CRITÈRES DE RÉUSSITE

En suivant les illustrations:
- **Reformule dans ses propres mots certaines scènes de l'album *Je m'habille et... je te croque!***
- **Dit le texte de manière exacte et précise.**

MAITRISER ET ENRICHIR SON VOCABULAIRE : LES VÊTEMENTS

FONCTION DU LANGAGE MOBILISÉ

Ludique
Pour jouer avec la langue.

SCÈNE DE LANGAGE

Un élève ou l'enseignant propose de chercher d'autres vêtements pour le loup dans des imagiers. Les élèves décrivent et comparent les images trouvées : taille, forme et couleur.

OBJECTIF LANGAGIER

S'intéresser aux mots nouveaux qu'on rencontre pour les comprendre et les utiliser.

CONDUITES LANGAGIÈRES

Énumérer, nommer, comparer, expliquer.

LEXIQUE ET SYNTAXE MOBILISÉS

Langage en réception

Noms des vêtements présentés dans les imagiers.
Expansions du nom : adjectifs épithètes (une chemise rouge), complément du nom (une chemise à rayures), subordonnées relatives (la chemise qui est bleue).

Langage en production

Nommer les vêtements. Décrire et comparer les vêtements de même type.
Expliquer la différence entre deux vêtements, par exemple entre bonnet et cagoule.

UN GROUPE DE 6 À 8 ÉLÈVES
20 minutes

MATÉRIEL ET SUPPORTS

★ Des imagiers de types variés où sont représentés des vêtements.
★ Un imagier pour chaque élève.

Chaque élève choisit un imagier.

Les élèves coopèrent pour chercher des images de vêtements.

Phase 1 IDENTIFIER ET NOMMER LES VÊTEMENTS

Avant cette séance, les élèves ont manipulé et parcouru plusieurs fois les imagiers exposés dans le coin livres de la classe.

RÔLE DE L'ENSEIGNANT

- Montrer des objets dans un imagier et les nommer. Annoncer aux élèves qu'ils vont apprendre à nommer les vêtements qui se trouvent dans les imagiers. Leur demander de choisir un imagier et de chercher des images de vêtements. Favoriser l'appropriation de la consigne en donnant des exemples.

TÂCHE DES ÉLÈVES

- Nommer les vêtements qu'ils ont trouvés dans leur imagier. Les décrire.

Phase 2 COMPARER LES VÊTEMENTS

RÔLE DE L'ENSEIGNANT

- Commencer par rechercher les habits présentés dans la chanson *Loup y es-tu?* Choisir un vêtement dans l'imagier et demander de trouver un vêtement du même type.

TÂCHE DES ÉLÈVES

- Chercher le vêtement demandé dans son imagier. Comparer et décrire les images trouvées. En réponse à l'usage de mots inappropriés, l'enseignant explique les différences entre les deux mots confondus. Exemples: cagoule et bonnet, moufle et gant, jupe et robe, ceinture et bretelle, jean et pantalon.

DIFFÉRENCIATION

- L'hétérogénéité des élèves dans chaque groupe est recherchée pour favoriser les interactions. L'enseignant adapte la difficulté des imagiers proposés aux besoins des élèves en variant le nombre de pages et le nombre d'images sur chaque page.

PROLONGEMENTS

- Des activités de tri d'images et de catégorisation sont proposées pour consolider les apprentissages. Les élèves cherchent, par exemple, tout ce qui se met sur la tête ou tout ce qui se porte quand il fait froid.

CRITÈRES DE RÉUSSITE

- Identifie et nomme uniquement les vêtements cités dans la chanson *Loup y es-tu?*
- Identifie et nomme d'autres vêtements représentés dans les imagiers.

FORMULER DES DEMANDES
EN JOUANT AU JEU DU LOUP

FONCTION DU LANGAGE MOBILISÉE

Instrumentale
Pour satisfaire ses besoins et obtenir ce que l'on veut d'autrui.

SCÈNE DE LANGAGE

En petit groupe, les élèves jouent aux cartes avec *le Jeu du loup*. Pour obtenir la carte identique à la sienne et ainsi former une paire, chacun formule à son tour une demande précise à ses camarades.

OBJECTIF LANGAGIER

Formuler une demande, questionner et expliquer en situation de jeu.

CONDUITES LANGAGIÈRES

Demander, décrire, questionner, expliquer.

LEXIQUE ET SYNTAXE MOBILISÉS

Langage en réception
Comprendre une règle du jeu, exécuter des consignes simples.

Langage en production
Utiliser *Je voudrais…*, *Je veux…*
Produire des phrases complexes utilisant le pronom relatif *qui*.

UN GROUPE DE 6 ÉLÈVES
20 minutes

MATÉRIEL ET SUPPORTS

★ Huit paires de cartes (☁) sur lesquelles figurent les illustrations de l'album *Je m'habille et… je te croque !*

Appropriation de la règle du jeu. *Les élèves cherchent toutes les paires de cartes possibles. Ils comparent les cartes, demandent des cartes ou donnent des consignes à leurs camarades.*

Jeu 1 *Chaque élève reçoit une carte qu'il cache en la serrant contre lui.*
À tour de rôle, chacun demande la carte qui lui manque pour former une paire à un camarade qui a l'ensemble des cartes.

Phase 1 S'APPROPRIER LE MATÉRIEL

RÔLE DE L'ENSEIGNANT

▸ Étaler toutes les cartes sur la table. Intervenir en fonction des réactions.

TÂCHE DES ÉLÈVES

▸ Observer, commenter et repérer les cartes identiques. Chercher toutes les paires.

Phase 2 JOUER EN RESPECTANT LA RÈGLE DU JEU

RÔLE DE L'ENSEIGNANT

▸ Expliquer la règle du jeu.

TÂCHE DES ÉLÈVES

▸ Distribuer les cartes. Au départ, chaque élève reçoit une seule carte. Chacun cache sa carte. Pour avoir deux cartes identiques et ainsi former une paire, chaque joueur doit demander à un camarade la carte qui lui manque, en formulant correctement sa demande. Si le joueur interpelé possède cette carte, il la pose sur la table pour former une paire avec celle de son camarade.

DIFFÉRENCIATION

▸ Mettre en œuvre une différenciation par les procédures, accepter les productions qui utilisent uniquement la description mais amène progressivement les élèves à formuler une demande. Soutenir les productions de chacun, reformuler, enrichir leur expression.

Jeu 2 *Chaque élève a deux cartes : l'une cachée et l'autre visible. Il doit demander à un camarade une des cartes qui lui manque pour constituer une paire.*

CRITÈRES DE RÉUSSITE

- **Décrit l'illustration de sa carte sans formuler de demande explicite.**
- **Formule une demande en utilisant *je voudrais* ou *je veux*.**
- **Produit une phrase complexe en utilisant le pronom relatif *qui*.**

Comparer des histoires

Raconter une histoire devant un groupe

EN PETIT GROUPE DE CINQ ÉLÈVES

Matériel Les diaporamas *Je m'habille et… je te croque!*, *Le clown*, *La sorcière*, *Le plongeur*, *La skieuse* **(pages 108, 109 et** ☁**)**.

- Chaque groupe découvre une histoire différente puis la présente aux autres groupes de la classe.
- Projeter les images du diaporama choisi pour le groupe **(pages 108, 109 et** ☁**)**. Laisser réagir les élèves et favoriser la mise en place d'un échange collectif portant sur la compréhension des illustrations de l'histoire.
- Raconter l'histoire à l'aide du diaporama.
- Annoncer aux élèves qu'ils vont raconter l'histoire à un autre groupe de la classe en s'aidant des images du diaporama. Leur proposer de s'entrainer à raconter l'histoire avec leurs propres mots.
- Lors d'une séance spécifique, amener les élèves à restituer l'histoire à plusieurs en s'aidant du diaporama.

DIAPORAMA

Je m'habille… et je te croque!

OBJECTIFS LANGAGIERS

- Comprendre une histoire proche de son vécu racontée par l'enseignant.
- Reformuler quelques éléments de l'histoire en s'appuyant sur la succession des images.

Coucou!
Je suis le loup-garou.
Je mets ma culotte.
Je mets mon tee-shirt.
Je mets mes chaussettes.
Je mets mon pantalon.
Je mets mon pull.
Je mets mes bottes.
Je mets mon chapeau.
Je mets mon grand manteau et…
J'arrive!

Je m'habille et… je te croque!
Bénédicte Guettier
© L'école des loisirs 1998

DIAPORAMA

Le clown

OBJECTIFS LANGAGIERS

- Comprendre une histoire proche de son vécu racontée par l'enseignant.
- Reformuler quelques éléments de l'histoire en s'appuyant sur la succession des images.

Chaque groupe découvre une histoire différente puis la présente aux autres élèves de la classe.

Bonjour les enfants,
Je m'appelle Momo le clown.
Je mets mon slip bariolé.
Je mets mes chaussettes trouées.
J'enfile ma salopette toute rapiécée.
Je mets mes chaussures immenses.
Je mets mon gros nez rouge et mon nœud papillon.
Puis ma perruque orange.
Je termine par mon chapeau rond et…
Je te fais rire!

DIAPORAMA

La sorcière

OBJECTIFS LANGAGIERS

- Comprendre une histoire proche de son vécu racontée par l'enseignant.
- En MS, raconter une histoire.

Chaque groupe découvre une histoire différente puis la présente aux autres élèves de la classe.

Bonjour,
Je suis une méchante sorcière.
Je mets ma robe noire toute déchirée.
J'enfile mes bottines noires usées.
Je mets mon chapeau pointu.
Je prends ma baguette magique et...
Je te transforme en citrouille!

DIAPORAMA

Le plongeur

OBJECTIFS LANGAGIERS

- Comprendre une histoire proche de son vécu racontée par l'enseignant.
- En MS, raconter une histoire.

Chaque groupe découvre une histoire différente puis la présente aux autres élèves de la classe.

Bonjour,
Je suis un homme-grenouille.
Je mets mon maillot de bain.
Je mets ma combinaison.
Je mets mon masque et mon tuba.
Je chausse mes palmes et...
Je t'apporte un trésor!

DIAPORAMA

La skieuse

OBJECTIFS LANGAGIERS

- Comprendre une histoire proche de son vécu racontée par l'enseignant.
- En MS, raconter une histoire.

Chaque groupe découvre une histoire différente puis la présente aux autres élèves de la classe.

Bonjour,
Je suis une championne de ski.
Je mets mon pull en laine.
J'enfile ma combinaison.
Je mets mes gants.
Je prends mes bâtons.
J'attache mon casque.
Je mets mes chaussures de ski.
Je chausse mes skis et...
Je fais la course avec toi!

Sur la tête

Quand je mets mon chapeau gris

Quand je mets mon chapeau gris,
C'est pour aller sous la pluie.
Quand je mets mon chapeau vert,
C'est que je suis en colère.
Quand je mets mon chapeau bleu,
C'est que ça va déjà mieux.
Quand je mets mon chapeau blanc,
C'est que je suis très content.

étape 1
Mémoriser le texte de la comptine

▸ COMPRENDRE ET APPRENDRE
Dire de mémoire de manière expressive une comptine.

GROUPE CLASSE OU DEMI-CLASSE • 10 MINUTES À RÉPÉTER SUR PLUSIEURS JOURS

Matériel Le texte de la comptine.

1 Écoute active de la comptine, énumération des mots entendus en ayant le droit de répéter celui du voisin, affichage des images correspondant à ces mots.

2 Mémorisation de la comptine en répétant ce que dit l'enseignant. Dire la comptine en mettant l'intonation et en la mimant.

3 Terminer la fin des phrases commencées par l'enseignant.

La fête des animaux

Une alouette portant sur sa tête
Une casquette,
Un blaireau portant sur sa tête
Un chapeau,
Une araignée portant sur sa tête
Un béret,
Un caméléon portant sur sa tête
Un chapeau melon,
Une souris portant sur sa tête
Un képi,
Un orang-outang portant sur sa tête
Un turban,
S'en vont à la fête
À la fête des chapeaux,
À la fête des bébêtes
Savoir qui est le plus beau

étape 2
Acquérir du vocabulaire spécifique

▸ COMMENCER À RÉFLÉCHIR SUR LA LANGUE
S'intéresser aux mots nouveaux rencontrés.

Matériel Des couvre-chefs de types variés, certains en plusieurs exemplaires : casquette, casque de moto, casque de vélo, képi, béret, panama, toque, couronne, bonnet de bain, charlotte, bob, cagoule, borsalino, canotier, chapka, capuche, casque de pompier, casque de chantier, chapeau de paille, sombrero, chapeau de cow-boy, chapeau melon, coiffe d'indien, haut-de-forme, perruque, serre-tête.
Les images des animaux et des couvre-chefs cités dans la comptine (**page 111** et ☁).

1 À son arrivée à l'école, chaque élève a la surprise de découvrir un couvre-chef à son crochet. Chacun le porte en entrant dans la classe et va se regarder dans les miroirs mis à disposition. Les réactions et les commentaires sont variés. Les interactions langagières sont nombreuses entre les élèves et avec les adultes.

2 Présentation des différents couvre-chefs : les nommer, définir leurs fonctions, distinguer ceux réservés aux adultes et ceux destinés aux élèves, nommer les matières.

3 Mise en place d'une exposition de chapeaux dans la classe.

4 Écoute active de la comptine, énumération des mots entendus en ayant le droit de répéter celui du voisin, affichage des images correspondant à ces mots.

5 Mémorisation de la comptine avec différentes techniques de mémorisation dont la mise en correspondance des images d'animaux et des chapeaux (**page 107**).

LA FÊTE DES ANIMAUX

- **Images à associer pour mémoriser la comptine.**

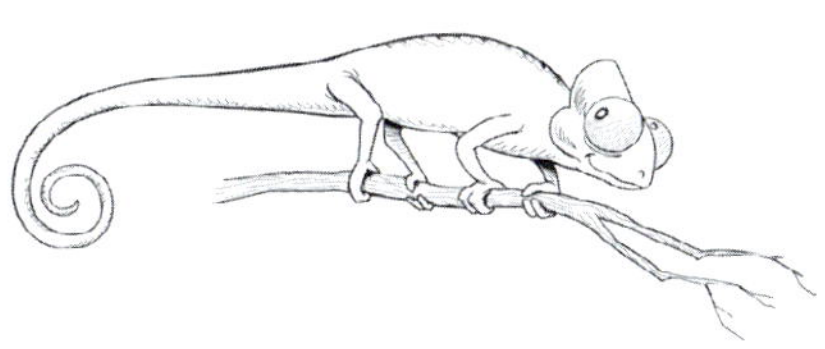
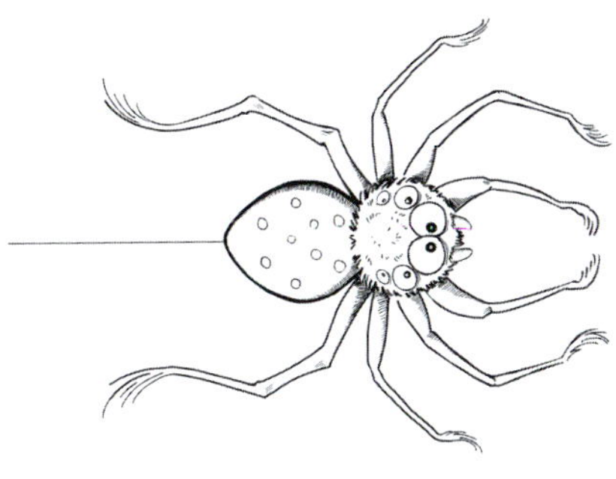

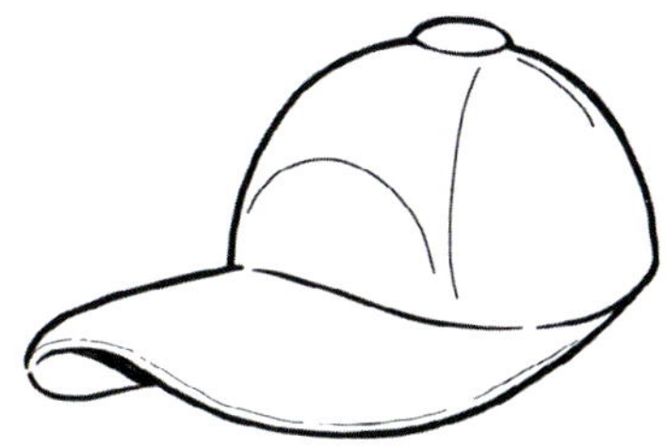

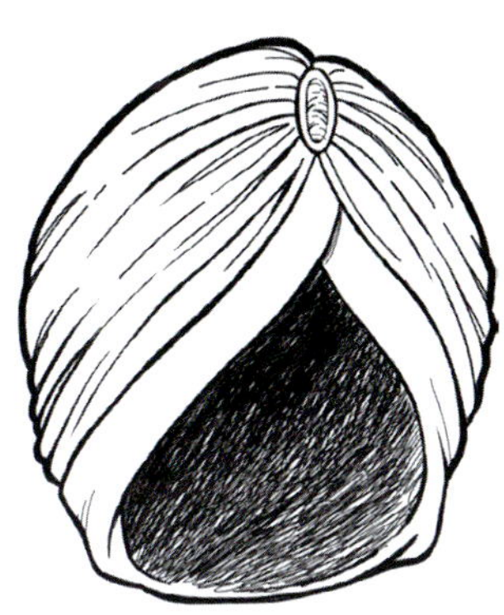

À TABLE !

Scènes du quotidien

Situation motivante

Au coin cuisine, les élèves vont élargir leur répertoire de scénarios pour jouer à faire semblant. Ils vont s'engager dans 3 scénarios autour de la préparation d'un repas pour un ou plusieurs invités. Mettre le couvert, préparer le repas et faire la vaisselle sont les 3 activités principales qui vont enrichir leurs productions langagières dans le cadre de jeux de rôles.

Objectifs langagiers

Pour pouvoir mettre la table, les élèves vont être amenés à formuler des demandes en se faisant comprendre. La préparation du repas pour les invités va inciter les élèves à utiliser des verbes précis pour expliquer ce qu'ils font. Enfin, ils vont enrichir leur vocabulaire en faisant la vaisselle et produire des phrases de plus en plus longues et complexes.

Place dans la programmation

De nouveaux scénarios sont introduits dans cette séquence qui va permettre aux élèves de réinvestir les compétences langagières développées au cours de la séquence *Jouons au coin cuisine.*

Mobiliser le langage dans toutes ses dimensions

	L'ORAL
✗	Oser entrer en communication
✗	Comprendre et apprendre
✗	Échanger et réfléchir avec les autres
	Commencer à réfléchir sur la langue et acquérir une conscience phonologique

	L'ÉCRIT
✗	Écouter de l'écrit et comprendre
	Découvrir la fonction de l'écrit
✗	Commencer à produire des écrits et en découvrir le fonctionnement
	Découvrir le principe alphabétique
	Commencer à écrire tout seul

SÉANCE 1
Langage oral

PARTICIPER VERBALEMENT À UN PROJET : METTRE LE COUVERT

- **Oser entrer en communication**
  Utiliser le langage dans des jeux à plusieurs au coin cuisine.
- **Échanger et réfléchir avec les autres**
  Proposer des solutions pour résoudre un problème.

SÉANCE 2
Langage oral

FORMULER UNE DEMANDE

- **Oser entrer en communication**
  Utiliser le langage dans des jeux à plusieurs au coin cuisine.
  Se faire comprendre par le langage pour les besoins de la vie scolaire : formuler une demande.

SÉANCE 3
Langage oral

JOUER UN SCÉNARIO : PRÉPARER LE REPAS DE LA POUPÉE

- **Oser entrer en communication**
  Utiliser le langage dans des jeux à plusieurs : faire semblant de préparer un repas.
- **Échanger et réfléchir avec les autres**
  Dire ce que l'on fait ou ce que fait un camarade.

SÉANCE 4
Langage oral
Langage écrit

JOUER UN SCÉNARIO : FAIRE LA VAISSELLE

- **Comprendre et apprendre**
  Comprendre et formuler des consignes.
- **Échanger et réfléchir avec les autres**
  Décrire, questionner, expliquer au cours d'une expérimentation.

En MS, production de textes écrits avec dictée à l'adulte

- **Commencer à produire des écrits**
  Savoir que l'on n'écrit pas comme on parle.
  À la fin de la séquence, par petits groupes ou en demi-classe, les élèves dictent à l'adulte un écrit destiné aux parents pour leur expliquer comment ils ont fait la vaisselle à l'école. Ils dictent à l'adulte des phrases pour légender les photos qui seront présentées dans le cahier de vie ou sur le blog de la classe. Chaque groupe est chargé de la rédaction du texte pour légender une photo. Ces textes sont mis en commun lors d'un regroupement puis valorisés dans le cahier de vie.

Réactivation - Transferts

Les élèves auront l'occasion de réactiver leurs connaissances lors des jeux au coin cuisine et de la séquence consacrée à la préparation de la soupe.

PARTICIPER VERBALEMENT À UN PROJET : METTRE LE COUVERT

FONCTION DU LANGAGE MOBILISÉE

Instrumentale
Pour satisfaire ses besoins et obtenir ce que l'on veut d'autrui.

SCÈNE DE LANGAGE

En petit groupe, au coin cuisine, les élèves expliquent comment ils ont l'intention de mettre la table pour leurs invités. Ils nomment les objets dont ils auront besoin. Chaque élève est chargé de mettre la table pour un camarade, un nounours ou une poupée et se déplace pour chercher la vaisselle nécessaire. Ils comparent les différentes productions, expliquent l'ordre et la manière pour mettre la table. Quand la table est mise, les élèves servent leurs invités et poursuivent le scénario en autonomie. Certains s'attribuent des rôles précis du type « Je suis le papa », « Moi, je suis la grande sœur », « Eh bien moi, je suis le serveur du restaurant ». Les jeux s'organisent alors avec l'aide de l'enseignant.

OBJECTIFS LANGAGIERS

Utiliser le langage dans des jeux à plusieurs au coin cuisine.

Proposer des solutions pour résoudre un problème.

CONDUITES LANGAGIÈRES

Établir le contact, commenter, expliquer, comparer.

LEXIQUE ET SYNTAXE MOBILISÉS

Langage en production

Acquérir et réinvestir un vocabulaire pertinent concernant les actes du quotidien pour pouvoir jouer au coin cuisine.
Produire des phrases correctes même très courtes pour commenter ses actions en jouant et expliquer à l'enseignant ce que l'on fait.
Noms : assiette, verre, couteau, fourchette, cuillère, set de table.
Verbes : mettre la table, débarrasser la table, prendre, chercher, rapporter, manquer, ranger.
Adjectifs : rouge, vert, bleu, jaune, pareil, pas pareil.
Indicateurs spatiaux : à côté, à gauche, à droite, entre, sur, au milieu.

PETIT GROUPE DE LANGAGE DE 5 À 8 ÉLÈVES

20 minutes

MATÉRIEL ET SUPPORTS

★ La vaisselle du coin cuisine.
★ Un nounours ou une poupée par élève.
★ Des sets de tables au format A3 fabriqués par l'enseignant.

RÔLE DE L'ENSEIGNANT

- Annoncer aux élèves qu'il a invité les nounours et les poupées pour le déjeuner à midi et que le repas est déjà prêt. Mais il aimerait que les enfants l'aident à mettre la table. Comment faut-il s'y prendre ?
- Pendant que les élèves sont en action, faire nommer les objets, encourager la prise de parole, faire préciser la fonction de l'objet, demander de dire ce qui leur manque.
- Participer activement au jeu.

La situation est reprise en utilisant les sets de table. Avant son déplacement, chacun dit à l'enseignant ce qu'il a l'intention d'aller chercher.

TÂCHE DES ÉLÈVES

Chaque élève est chargé de mettre la table pour un nounours ou pour une poupée et se déplace pour chercher la vaisselle nécessaire.

- Expliquer comment ils ont l'intention de faire, nommer les objets dont ils auront besoin. Comparer les différentes productions, expliquer l'ordre et la manière pour mettre la table.

DIFFÉRENCIATION

- L'enseignant adapte ses objectifs et ses attentes en fonction du développement langagier de chacun.

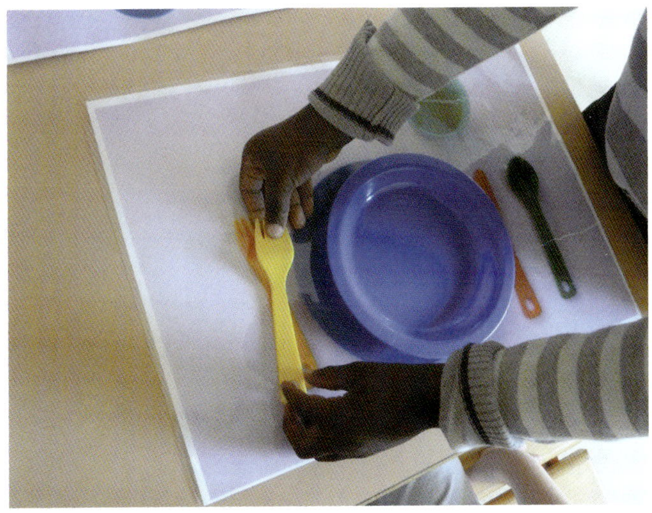

CRITÈRES DE RÉUSSITE

- **Cherche à communiquer et à être compris.**
- **Répond verbalement à une sollicitation de l'adulte même de manière très brève.**

FORMULER UNE DEMANDE

FONCTION DU LANGAGE MOBILISÉE

Instrumentale
Pour satisfaire ses besoins et obtenir ce que l'on veut d'autrui

SCÈNE DE LANGAGE

L'enseignant joue le rôle du marchand de vaisselle. Chaque élève lui demande les ustensiles dont il a besoin pour reproduire dans la réalité ce que la photo du set de table (le modèle) représente.

OBJECTIFS LANGAGIERS

Utiliser le langage dans des jeux à plusieurs au coin cuisine.

Se faire comprendre par le langage pour les besoins de la vie scolaire: formuler une demande.

CONDUITES LANGAGIÈRES

Formuler des demandes, un refus, un accord.

LEXIQUE ET SYNTAXE MOBILISÉS

Noms: assiette, verre, couteau, fourchette, cuillère.
Verbes: demander, chercher, rapporter, manquer, poser.
Adjectifs: rouge, vert, bleu, jaune, pareil, pas pareil.
Indicateurs spatiaux: à côté, entre, sur, au milieu.
Formules de politesse: s'il te plait, merci.
Utiliser l'impératif: «donne-moi le couteau rouge».
Formuler des phrases avec «Je veux» ou «Je voudrais».

PETIT GROUPE DE LANGAGE DE 6 À 8 ÉLÈVES

Séance de 20 à 30 minutes

MATÉRIEL ET SUPPORTS

★ La vaisselle, des paniers de rangement, des aliments en plastique et les sets de table.

L'enseignant demande aux élèves de montrer un ou deux objets représentés sur leur set de table. Ils les reconnaissent, les caractérisent et les comparent.

Les élèves demandent les objets au marchand de vaisselle.

La fourchette est placée à côté de l'assiette, comme sur le set de table.

Il manque la cuillère rouge.

Les séances se déroulent en présence de l'enseignant, puis les enfants poursuivent le jeu en autonomie. Ils font semblant de déjeuner.

RÔLE DE L'ENSEIGNANT

▸ Placer la vaisselle nécessaire à distance des élèves, sur une table éloignée du groupe ou sur une étagère en hauteur, pour les inciter à formuler une demande oralement. Annoncer qu'il est le marchand de vaisselle et que chacun devra demander exactement ce qu'il lui faut.

TÂCHE DES ÉLÈVES

▸ Choisir un set de table, l'observer, puis formuler ses demandes successives, nommer et caractériser les différents objets. La validation s'effectue en posant les objets sur le set de table, en comparant leur production avec le modèle. Puis les élèves poursuivent le scénario en autonomie en répartissant les rôles: maman, papa, la petite sœur, le grand frère, un camarade qui est invité...

DIFFÉRENCIATION

▸ Pour apporter les outils linguistiques nécessaires à la formulation des demandes, l'enseignant jouera le rôle du client et l'élève aura le rôle du marchand.

CRITÈRES DE RÉUSSITE

- **Formule une demande compréhensible.**
- **Utilise les formules de politesse.**

JOUER UN SCÉNARIO : PRÉPARER LE REPAS DE LA POUPÉE

FONCTIONS DU LANGAGE MOBILISÉES

Régulatrice
Pour contrôler le comportement d'autrui.

Imaginative
Pour créer son propre environnement, inventer son monde.

SCÈNE DE LANGAGE

Un petit groupe discute dans le coin cuisine pour savoir comment préparer le repas de la poupée. Chacun explique à un camarade et à l'enseignant ce qu'il prépare et comment il procède.

OBJECTIFS LANGAGIERS

Utiliser le langage dans des jeux à plusieurs : faire semblant de préparer un repas.

Dire ce que l'on fait ou ce que fait un camarade.

CONDUITES LANGAGIÈRES

Lister, expliquer, commenter.

LEXIQUE ET SYNTAXE MOBILISÉS

Langage en production

Utiliser un vocabulaire pertinent concernant les actes du quotidien : noms des aliments et verbes d'actions pour expliquer comment préparer un repas.
Noms : les noms de plats comme œufs sur le plat, salade de tomates, soupe de légumes..., les aliments mis à disposition et les ustensiles.
Verbes : cuire, faire chauffer, cuisiner, mettre au four, griller, verser, préparer, mélanger, tourner, couper, éplucher, laver, retourner, saler, faire bouillir, mixer ou mouliner, casser.
Connecteurs de temps : d'abord, après, ensuite.
Produire des phrases du type : il faut + verbe + complément.

2 PETITS GROUPES DE LANGAGE
20 minutes

MATÉRIEL ET SUPPORTS

★ Une poupée de la classe.
★ Un panier contenant les courses de la poupée : aliments en plastique du coin cuisine.
★ Les ustensiles du coin cuisine, les tabliers de cuisinier.
★ Des aliments en plastique : œufs, poissons, fruits, légumes, frites, viandes...

Le coin cuisine s'enrichit de nouveaux ustensiles. On augmente ainsi le capital de mots et d'actions.

SCÉNARIO

▸ **Une poupée de la classe a fait les courses au marché. Elle voudrait que les élèves lui préparent son repas avec ce qu'elle a rapporté du marché. Elle s'installe à table en attendant son repas.**

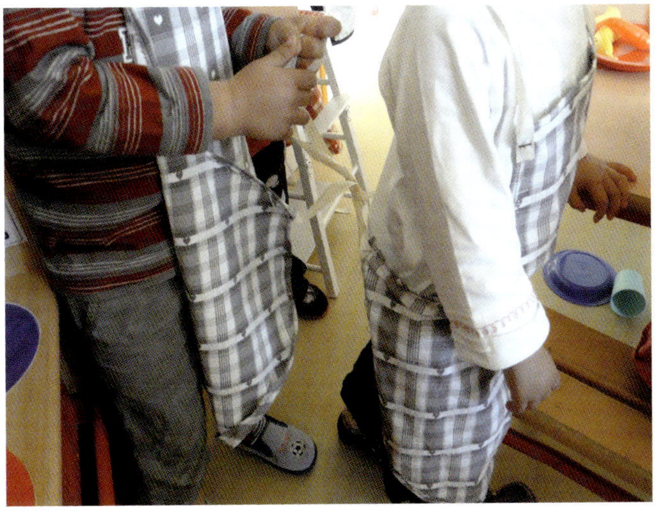

Les élèves s'entraident et commencent à s'organiser pour jouer ensemble, chacun ayant un rôle précis.

Phase 1 DISCUTER POUR TROUVER UNE SOLUTION AU PROBLÈME POSÉ

RÔLE DE L'ENSEIGNANT

- Présenter le scénario.
- Aider les élèves à se répartir les rôles : papa, maman, la grand-mère, le chef-cuisinier dans un restaurant, le serveur.
- Apporter des connaissances, donner des consignes pour permettre aux élèves de jouer.

TÂCHE DES ÉLÈVES

- Énumérer le contenu du panier, parler de ce qu'ils connaissent et évoquer leur expérience personnelle.
- Chercher ensemble comment cuisiner les aliments contenus dans le panier.

Phase 2 EXPLIQUER CE QUE L'ON FAIT

RÔLE DE L'ENSEIGNANT

- Engager le dialogue avec chacun pendant qu'il prépare le repas. Verbaliser les étapes successives de la préparation. Par exemple, pour faire de la soupe, il faut d'abord laver les légumes puis les éplucher…

TÂCHE DES ÉLÈVES

- Se répartir les rôles. Chaque élève choisit un plat et joue à faire semblant de le préparer : de la soupe, une salade de fruits, un steak avec des frites, des pâtes, des œufs sur le plat, une salade de tomates, une truite avec du riz… Expliquer à l'enseignant ce qu'il fait et ce qu'il va faire.
- Jouer à servir la poupée comme dans un restaurant avec l'aide de l'enseignant.

DIFFÉRENCIATION

- Lorsque les élèves ne savent pas comment jouer à faire semblant de préparer un repas, l'enseignant joue avec eux. Il leur explique ce qu'il fait et ce qu'il va faire. Il les aide ensuite à reproduire ses gestes.

CRITÈRES DE RÉUSSITE

- **Explique ce qu'il fait, comment et pourquoi.**

JOUER UN SCÉNARIO : FAIRE LA VAISSELLE

FONCTION DU LANGAGE MOBILISÉE

Heuristique
Pour en savoir plus sur le monde.

SCÈNE DE LANGAGE

Les élèves expérimentent en petit groupe un nouveau scénario au coin cuisine : faire la vaisselle. Ils évoquent leur expérience personnelle, se questionnent, formulent des hypothèses avant de commenter leurs actions comme le fait l'enseignant qui fait aussi la vaisselle.

OBJECTIFS LANGAGIERS

Comprendre et formuler des consignes.

Décrire, questionner, expliquer au cours d'une expérimentation.

CONDUITES LANGAGIÈRES

Décrire, questionner, expliquer, formuler des consignes.

LEXIQUE ET SYNTAXE MOBILISÉS

Langage en production

Comprendre et formuler des consignes : il faut + infinitif.
Expliquer à quoi servent les objets : « Le torchon, c'est pour essuyer la vaisselle. »
Expliquer ce que je fais en formant de phrase du type je + verbe + complément : « Je frotte l'assiette ».
Noms : vaisselle, tablier, bassine, produit vaisselle, éponge, torchon.
Verbes : laver, faire mousser, frotter, mouiller, rincer, égoutter, sécher, essuyer, ranger.
Adjectifs : chaud/froid/tiède, sale/propre.
Marqueurs de temps : d'abord, après, maintenant.

UN GROUPE DE 6 À 10 ÉLÈVES

30 minutes

MATÉRIEL ET SUPPORTS

★ De la vaisselle du coin cuisine salie avec un peu de farine.
★ Pour chaque élève : un tablier, une bassine profonde avec de l'eau tiède, une éponge, un torchon, un petit tapis pour égoutter la vaisselle.
★ Un flacon de produit vaisselle.

Les élèves sont debout autour d'une grande table.

Ils essuient la vaisselle. Ils manipulent l'eau et l'éponge.

Ils commentent leurs expériences.

« Je rince les couverts. »

« Je pose le verre sur l'égouttoir. »

« Je range le couteau dans la boite. »

Phase 1 PARLER POUR TROUVER UNE SOLUTION AU PROBLÈME POSÉ

RÔLE DE L'ENSEIGNANT

- Regrouper la vaisselle sale au coin cuisine pour provoquer les réactions verbales des élèves. Expliquer qu'ils vont laver la vaisselle tous ensemble. Mais comment va-t-on s'y prendre pour laver la vaisselle?

TÂCHE DES ÉLÈVES

- Évoquer leur expérience personnelle et expliquer comment font leurs parents.

Phase 2 COMPRENDRE ET EXPLIQUER CE QU'IL FAUT FAIRE

RÔLE DE L'ENSEIGNANT

- Donner les consignes afin que les élèves découvrent les différentes étapes pour laver la vaisselle. Distribuer progressivement le matériel nécessaire en leur laissant toujours le temps de manipuler, d'expérimenter et de réagir verbalement. Apporter les mots nécessaires, commenter les actions, reformuler pour enrichir les structures syntaxiques, faire répéter certains mots, questionner en prenant appui sur ce qu'ils font. Encourager les échanges entre élèves en les incitant à se parler.

TÂCHE DES ÉLÈVES

- Ils trempent d'abord leurs mains dans l'eau tiède puis ils mouillent et tordent l'éponge. Commenter l'apparition de bulles dans l'eau. Expérimenter puis expliquer que les bulles apparaissent lorsqu'on serre l'éponge. Effectuer ensuite les différentes étapes du lavage. Chaque action est réalisée simultanément par tous. Cette organisation facilite leur prise de parole pour désigner leurs actions. Ils disent ce qu'ils sont en train de vivre, de faire et échangent entre eux.

DIFFÉRENCIATION

- En MS, le premier groupe d'élèves qui a déjà fait la vaisselle avec l'enseignant est chargé d'expliquer aux autres groupes comment il faut s'y prendre. À chaque séance, deux élèves sont chargés de donner les différentes consignes à leurs camarades avec l'appui de l'enseignant. Une telle organisation permet de proposer de véritables situations de communication liées à la différence de connaissances des élèves sur le sujet.
  Au cours de l'année, les élèves des autres groupes seront eux aussi placés dans cette position. Mais l'enseignant peut aussi faire le choix de multiplier ce type de situation uniquement pour ceux qui en ont le plus besoin.

Les mots sont apportés par l'enseignant et utilisés par les élèves en situation : laver le verre, frotter l'assiette, essorer l'éponge.

CRITÈRES DE RÉUSSITE

- **En PS, produit des phrases simples du type je + verbe.**
- **En MS, produit des phrases plus complexes comprenant un groupe verbal enrichi.**

Le bonhomme de pain d'épices

FONCTIONS DU LANGAGE MOBILISÉES

Imaginative
Pour créer son propre environnement, inventer son monde.

Personnelle
Pour exprimer ses sentiments personnels, ses gouts.

LEXIQUE ET SYNTAXE MOBILISÉS

Langage en réception
Comprendre une histoire entendue.
Se créer des images mentales.
Mémoriser les personnages, les lieux, les actions de l'histoire.

Langage en production
En PS, reformuler quelques éléments de l'histoire.
Mémoriser et dire la ritournelle.
En MS, raconter l'histoire, la jouer en utilisant ses propres mots.

Le bonhomme de pain d'épices modelé avec de la pâte à sel et de petits objets.

La marotte du personnage utilisée pour raconter l'histoire.

Une scène du conte jouée à l'aide des marottes.

étape1

Comprendre l'histoire racontée avec des marionnettes

▸ **COMPRENDRE ET APPRENDRE**
Être attentif lors de l'écoute d'une histoire et la comprendre.

GROUPE CLASSE • 20 MINUTES

Matériel Des objets pour symboliser les lieux: une boite en carton pour le four de la cuisine, un rectangle vert pour le pré, un brun pour le champ, un bleu pour la rivière.
Une boule de pâte à modeler et des petits objets pour fabriquer le bonhomme de pain d'épices.
Des marottes pour les personnages: le bonhomme de pain d'épices, la vieille dame, le vieil homme, la vache, le cheval, le renard.
Un support en polystyrène ou en mousse de fleuriste pour piquer les marottes lors de la course poursuite.

1 Avant de raconter l'histoire, présenter tous les personnages sauf la marotte du bonhomme de pain d'épices qui est cachée dans le four. Nommer les différents lieux où se trouvent les personnages au début du récit.

2 Mettre en scène et jouer l'histoire avec les marottes. Avec la pâte à modeler, imiter les gestes de la vieille dame. Placer le bonhomme au four. Lorsqu'il est cuit, l'enseignant le sort du four.

L'histoire est jouée plusieurs fois dans la semaine. Les élèves interviennent progressivement dans la mise en scène en répétant la ritournelle ou certains dialogues.

étape 2

Mémoriser les personnages de l'histoire

▸ PARLER ENSEMBLE ET RÉFLÉCHIR
Proposer des solutions pour résoudre un problème.

> PETIT GROUPE • 20 MINUTES
>
> **Matériel** Les dessins des personnages (contours noirs).
> Des formes découpées dans divers matériaux.
> Des petits objets divers.
> L'appareil photographique.

1 Demander à chaque élève de choisir un dessin qui représente un personnage de l'histoire. L'inviter à le décrire puis à le reproduire avec le matériel mis à sa disposition.

2 Pendant l'action, solliciter la prise de parole de chacun pour qu'il justifie ses choix en fonction des caractéristiques de son personnage. Par exemple : j'ai pris de la ficelle pour faire la queue du renard. Les élèves échangent, commentent leurs travaux, proposent des solutions et donnent leur avis sur les productions.

3 Avant le rangement du matériel, les productions sont photographiées.

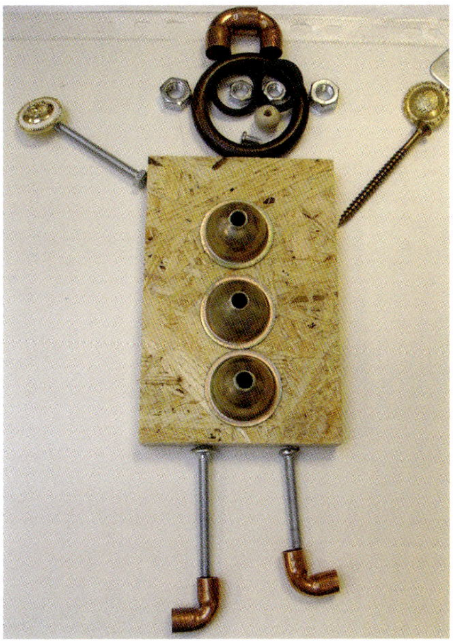

La vieille dame

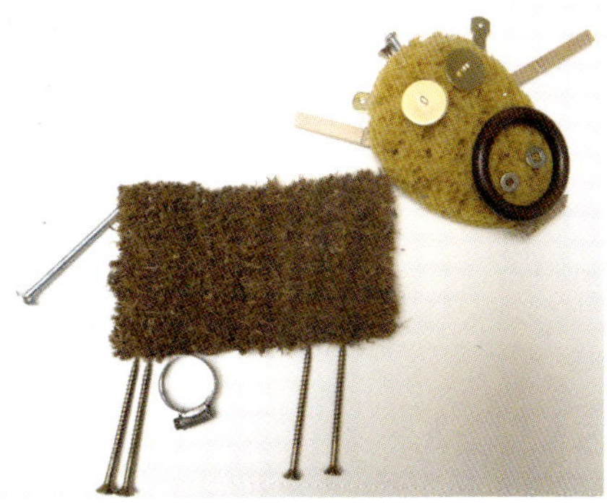

La vache

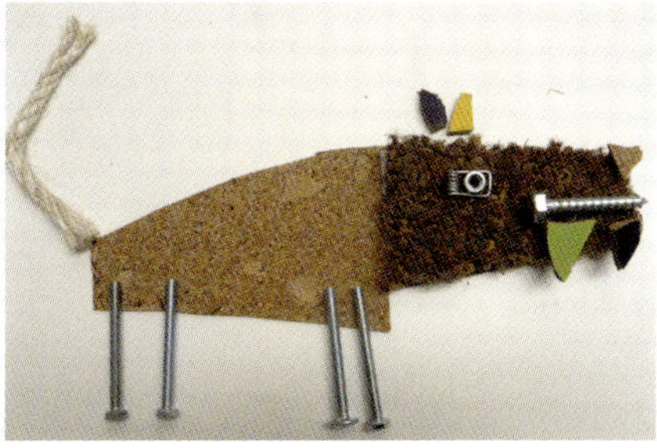

Le renard

étape 3
Comprendre la ruse du renard

▸ **ÉCHANGER ET RÉFLÉCHIR AVEC LES AUTRES**
S'intéresser à l'avis des autres.
Discuter en défendant son point de vue.

GRAND GROUPE • 20 MINUTES.

Matériel Les marottes des personnages. Le diaporama du conte *Le bonhomme de pain d'épices* **(page 124 et** ☁**).**

1 Raconter l'histoire à l'aide du diaporama **(page 124 et** ☁**).**

2 Engager les élèves à réagir et à évoquer l'histoire entendue : reconnaitre le conte, nommer les personnages et dire ce qu'ils font, rappeler la succession des événements, comparer avec l'histoire présentée avec les marottes.

3 Poser des questions ouvertes portant sur la trame de cette histoire du type « Pourquoi la vieille dame, la vache et le cheval poursuivent-ils le bonhomme de pain d'épices ? », « À votre avis, pourquoi le renard réussit-il à manger le bonhomme de pain d'épices ? », « Pourquoi les autres personnages ne réussissent-ils pas », « Comment le renard a-t-il fait pour manger le bonhomme de pain d'épices ? » (Étapes de la ruse, mise en confiance).
Pour faciliter la compréhension, faire jouer la scène.

Le diaporama est mis à disposition des élèves sur l'ordinateur de la classe. Ils peuvent le regarder à plusieurs et se raconter l'histoire.

Dans une petite maison vivaient un vieux et une vieille. Un matin, la vieille femme décida de faire du pain d'épices. Comme il lui restait de la pâte, elle façonna un petit bonhomme. Avec des raisins secs, elle dessina des yeux, un nez, un grand sourire et les boutons de son habit. Puis elle le mit à cuire.
Au bout d'un moment, elle entendit tambouriner à la porte du four... Elle l'ouvrit et, à sa grande surprise, le petit bonhomme de pain d'épices en sortit d'un bond.
Elle voulut l'attraper, mais il lui échappa en criant : « Cours, cours, aussi vite que tu peux ! Tu ne m'attraperas pas, je suis le bonhomme de pain d'épices. »
La vieille et le vieux se lancèrent à sa poursuite.
En arrivant sur la route, le bonhomme de pain d'épices rencontra une vache.
La vache l'appela, mais le bonhomme de pain d'épices cria par-dessus son épaule : « J'ai échappé à la vieille et au vieux. Cours, cours, aussi vite que tu peux ! Tu ne m'attraperas pas, je suis le bonhomme de pain d'épices. »
La vache se mit à le poursuivre, suivie du vieux et de la vieille.
Le bonhomme de pain d'épices rencontra un cheval. « Arrête-toi dit le cheval, je voudrais te manger. » Mais le bonhomme de pain d'épices répondit : « J'ai échappé à la vieille et au vieux. J'ai échappé à la vache. Cours, cours, aussi vite que tu peux ! Tu ne m'attraperas pas, je suis le bonhomme de pain d'épices. »
(La vieille, le vieux, la vache et le cheval poursuivent le bonhomme de pain d'épices).
Puis le bonhomme de pain d'épices rencontra un renard et lui dit : « Cours, cours, aussi vite que tu peux ! Tu ne m'attraperas pas, je suis le bonhomme de pain d'épices. » Alors le rusé renard lui répondit : « Mais je ne veux pas t'attraper ! »
Après avoir dépassé le renard, le bonhomme de pain d'épices dut s'arrêter devant une rivière large et profonde.
Le renard vit la vieille femme, le vieil homme, la vache et le cheval qui poursuivaient le bonhomme de pain d'épices. Alors il lui proposa : « Monte sur mon dos, je te fais traverser la rivière. »
Le bonhomme de pain d'épices monta sur le dos du renard qui commença à nager.
Au milieu de la rivière, là où l'eau est profonde, le renard ordonna : « Monte sur ma tête, bonhomme de pain d'épices ou tu vas être mouillé. » Le bonhomme de pain d'épices se mit debout sur la tête du renard.
Comme le courant était rapide, le renard lui dit : « Monte plutôt sur mon museau. Je ne veux pas que tu te noies. » Le bonhomme de pain d'épices glissa sur le museau du renard.
Mais quand ils arrivèrent de l'autre côté de la rivière, sains et saufs, le renard brusquement ouvrit la gueule et, GLOUP ! happa le bonhomme de pain d'épices. On n'en a plus jamais entendu parler depuis...

DIAPORAMAS
POUR APPRENDRE À PARLER

DIAPORAMA **Étape 3**

Le bonhomme de pain d'épices

étape 4
Comparer différentes versions du conte

▸ ÉCOUTER DE L'ÉCRIT ET COMPRENDRE
Comprendre un texte écrit illustré, lu par l'enseignant.

▸ ÉCHANGER ET RÉFLÉCHIR AVEC LES AUTRES
Échanger pour comparer différentes versions du conte *Le bonhomme de pain d'épices.*

GRAND GROUPE ET PETIT GROUPE DE 6 ÉLÈVES POUR LA PARTIE 5 • 20 MINUTES.

Matériel Des albums présentant différentes versions du conte. L'appareil photographique.

1 Pendant une semaine, lire et relire chaque jour une nouvelle version du conte sans montrer les images.

2 Laisser à chaque fois réagir les enfants et les engager dans une comparaison entre les versions.

3 Laisser les différentes versions du conte à disposition au coin livres et sur une table au moment de l'accueil. Inviter les élèves à feuilleter les livres, à retrouver les éléments connus sur les illustrations et à partager leurs découvertes avec les camarades du groupe ou avec les parents.

4 Organiser des jeux en petits groupes. Retrouver les illustrations d'un même événement dans les différents livres.

Le vieux monsieur

Le cheval

étape 5 (MS)
Inventer d'autres épisodes et les jouer

▸ ÉCHANGER ET RÉFLÉCHIR AVEC LES AUTRES
Pratiquer divers usages du langage oral: raconter, décrire, évoquer, dialoguer, proposer des solutions.

PETIT GROUPE DE 6 ÉLÈVES • 20 MINUTES.

Matériel Des marionnettes et/ou des marottes de la classe.

1 Lancer un nouveau projet: ajouter de nouveaux personnages à l'histoire.

2 Chacun choisit un nouveau personnage et le lieu où il se trouve.

3 L'enseignant ou un élève joue le rôle du bonhomme de pain d'épices. Il rencontre chaque personnage et dialogue avec lui.

4 Définir ensemble la succession des personnages rencontrés par le bonhomme de pain d'épices et mettre en scène les nouveaux épisodes.

Le bonhomme de pain d'épices

JOUONS AVEC LES VÉHICULES

Scènes de voyage

Situation motivante

Si l'aménagement prévu pour jouer avec les véhicules est adapté à leurs besoins, les élèves seront motivés. L'organisation de cette séquence prévoit un grand espace dédié à cette activité afin de pouvoir s'y rendre avec toute la classe : une salle réservée pour les jeux d'imitation avec les véhicules, le hall d'entrée de l'école, le couloir, la salle de sieste ou la salle de jeu. Cette séquence nécessite une fréquentation régulière, une fois par semaine pendant un trimestre, afin de donner du temps aux élèves pour développer les compétences visées. L'enseignant met à leur disposition une quantité et une variété de véhicules suffisantes pour permettre l'implication de tous.

Objectifs langagiers

Cette séquence a pour objectifs principaux d'instaurer des échanges personnalisés avec chacun et de favoriser les échanges entre les élèves. Au cours de ces moments repérés et organisés pendant un trimestre, les adultes de la classe accompagnent verbalement les situations, commentent les actions et conversent avec les élèves.

Place dans la programmation

Les aménagements complexifiés progressivement offriront de nouveaux scénarios de jeu. Le langage en situation va alors progressivement s'enrichir du point de vue lexical (variété, précision et structuration du lexique utilisé, connaissance des fonctions des différents véhicules, catégorisation, indicateurs d'espace et de temps, verbes d'action) et du point de vue syntaxique (phrases plus complexes, questionnements variés…). Les élèves vont faire l'expérience des diverses fonctions du langage. La lecture de livres documentaires et de récits proches du vécu des élèves enrichira leur langage.

Mobiliser le langage dans toutes ses dimensions

	L'ORAL
✗	Oser entrer en communication
✗	Comprendre et apprendre
	Échanger et réfléchir avec les autres
	Commencer à réfléchir sur la langue et acquérir une conscience phonologique

	L'ÉCRIT
✗	Écouter de l'écrit et comprendre
	Découvrir la fonction de l'écrit
✗	Commencer à produire des écrits et en découvrir le fonctionnement
	Découvrir le principe alphabétique
	Commencer à écrire tout seul

SÉANCE 1
Langage oral

ÉCHANGER, S'EXPRIMER EN SITUATION DE JEU

▸ **Oser entrer en communication**

Oser parler à l'école.
Utiliser le langage dans des jeux à plusieurs avec les véhicules.

SÉANCE 2
Langage oral

JOUER DE NOUVEAUX SCÉNARIOS AVEC LES VÉHICULES

▸ **Oser entrer en communication**

Utiliser le langage dans des jeux à plusieurs avec les véhicules.

▸ **Comprendre et apprendre**

Comprendre une histoire proche de son vécu racontée par l'enseignant.

SÉANCE 3
Langage oral
Langage écrit

JOUER UN SCÉNARIO : LE CHANTIER

▸ **Écouter de l'écrit et comprendre**

Comprendre un texte écrit illustré, lu par l'enseignant.

▸ **Comprendre et apprendre**

Raconter une histoire.

En MS, Production de textes écrits avec dictée à l'adulte

▸ **Commencer à produire des écrits.**

Savoir que l'on n'écrit pas comme on parle.
Dans le cadre du projet d'aménagement de la salle destinée à regrouper tous les garages et circuits de l'école, les élèves dictent un petit message à l'adulte pour demander aux autres classes des garages, des tapis de route, des livres ou des véhicules d'une catégorie précise : chantier, ferme…

Réactivation - Transferts

Lecture offerte de documentaires sur le thème des transports : l'aéroport, le train, le garage.
Lecture de récits de voyage : *En route Monsieur Croc*, *Le voyage de l'escargot…*
Jeux de kim, jeu de l'intrus avec les véhicules puis avec des images et des photographies.

Donner du temps aux élèves

- Pour déclencher la mise en œuvre de scénarios, **l'enseignant doit accepter de laisser aux élèves le temps nécessaire au développement des jeux,** par exemple une séance hebdomadaire de jeux avec les véhicules pendant un trimestre. Il leur donne la possibilité de s'isoler au moins partiellement du reste de la classe et leur fournit un matériel qui leur permettra de jouer divers rôles.

Dans une salle spécialement dédiée aux jeux avec les véhicules, des ateliers sont mis en place pour pouvoir travailler avec l'ensemble de la classe : les garages, les tapis de route, les Duplo, les engins et le sable, le circuit tremplin, le circuit de train, les livres, les images.

Une grande variété de circuits, de véhicules et de livres sont proposés aux élèves.

Proposer un environnement riche et organisé

- La qualité des jeux et le développement des compétences langagières des enfants dépend étroitement du matériel proposé et de son organisation : **agencement d'un espace dédié aux jeux avec les véhicules, diversification des rôles suggérés, présence d'un matériel complet et organisation en ateliers.**

Jouer avec des figurines

- **Le jeu avec des figurines** où l'élève au lieu de jouer directement un rôle est **metteur en scène**, induit **un langage riche**, d'autant plus varié que l'élève est appelé à **manipuler divers personnages**.

Un atelier est réservé à la consultation de livres documentaires, d'imagiers et d'albums de fiction.

Sous l'impulsion de l'enseignant, des échanges s'engagent entre les élèves pour partager leurs découvertes.

La page d'un documentaire consacrée à l'ambulance permet d'engager une discussion avec deux élèves sur les situations d'urgences médicales.

Les élèves réinvestissent le scénario d'une urgence médicale en jouant avec l'ambulance.

Lire des textes documentaires

- Lire une page qui explique la fonction d'un véhicule spécifique dans un livre ou un imagier documentaire. **Le texte est lu avec l'ensemble de la classe en début de séance ou en cours de séance avec un petit groupe.**

Observer et enrichir le jeu des élèves

- **Leur poser des questions** sur ce qu'ils font, vont faire, veulent faire en leur proposant des actions.
  Si possible, utiliser une figurine. Si le jeu est centré sur l'utilisation d'une ambulance. Que se passe-t-il? Qu'est-ce qui se passe? Que s'est-il passé? Où va-t-elle et pourquoi? Qui est à l'intérieur? Où est l'hôpital? Quelle route va-t-elle prendre? Par où va-t-elle passer? Que doivent faire les autres voitures? Quelle figurine va jouer le rôle du docteur? Que vont faire le papa et la maman du petit garçon qui est dans l'ambulance?

Déclencher la mise en scène des scénarios

- **Poser des problèmes** proches des situations de la vie quotidienne connues des élèves.

Proposer des déclencheurs variés

- **Une histoire** racontée par l'enseignant.
- **Un nouveau type de matériel :** véhicule spécifique (ambulance, camion de pompiers, voiture de police, taxi, véhicules de chantier...), figurine, circuit, bâtiment (garage, ferme, maison, magasin, école, crèche, cinéma).
- **Un nouvel atelier sur un thème particulier :** le chantier, la ferme, le garage, le circuit de train, le circuit pour les voitures de course, l'aéroport, le port.
- **Une image ou une photographie.**
- **La page d'un album ou d'un livre documentaire.**

Proposer des déclencheurs variés

- **Effectuer un trajet**
  Emmener Bébé chez sa gardienne, chez le docteur.
  Emmener les enfants à l'école, à la crèche.
  Se rendre à la station-service pour faire le plein d'essence, vérifier la pression des pneus, nettoyer le pare-brise, laver la carrosserie de la voiture.
  Faire les courses en famille. Trouver une place de parking, charger les courses...
  Aller au cinéma, à la piscine, à Paris...
  Se rendre chez ses grands-parents.
  Les Duplo partent en vacances. Où vont-ils? Que doivent-ils prendre avec eux? Que feront-ils en vacances?
  Les élèves prennent le bus pour faire une sortie à la ferme avec leur classe.

- **Résoudre un problème**
  La voiture de Monsieur Duplo est en panne au milieu de la route. Que faut-il faire?
  Un accident a eu lieu entre deux véhicules. Que faut-il faire? À qui téléphoner?
  Une maison brule. Il faut téléphoner aux pompiers.
  Un voleur a attaqué la banque. La police le poursuit, le capture et le met en prison.
  Madame Duplo s'est cassé la jambe en jouant au foot. Il faut appeler l'ambulance.
  Madame Duplo appelle un taxi pour se rendre à la gare ou à l'aéroport. Elle prend le train ou l'avion pour aller à Paris.
  Le fermier veut emmener ses vaches au pré. Il va chercher du bois pour se chauffer en hiver.

Un nouvel espace dédié aux jeux avec les engins de chantier.

Un questionnement nait de l'introduction des véhicules spécifiques au chantier. Il faut chercher leurs noms et leurs fonctions dans des livres documentaires.

L'utilisation de figurines induit un langage riche en générant de l'auto-langage et de nombreux dialogues.

La petite fille veut prendre le train pour partir en vacances chez sa Mamie qui l'attend à la gare.

La voiture est en panne, le garagiste vient la chercher avec sa dépanneuse.

L'introduction d'une ferme, de tracteurs et de figurines d'animaux va amener de nouveaux scénarios. Le fermier veut emmener ses vaches au pré ou aller chercher du bois pour se chauffer. Certains élèves ne connaissent pas le tracteur : ils utilisent un camion benne qui fait office de bétaillère.

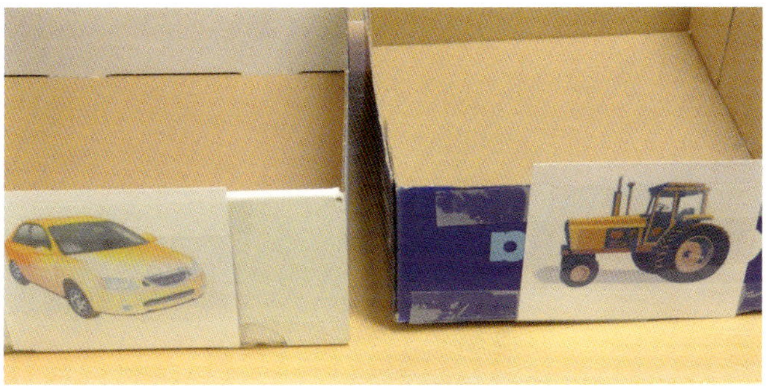

Le rangement s'organise progressivement en impliquant les élèves dans la recherche des différentes catégories de véhicules.

Des jeux de Kim, de Memory, de paires sont organisés pour mémoriser le vocabulaire.

ÉCHANGER, S'EXPRIMER EN SITUATION DE JEU

FONCTION DU LANGAGE MOBILISÉE

Imaginative
Pour créer son propre environnement, inventer son monde.

SCÈNE DE LANGAGE

Les élèves jouent avec les véhicules miniatures de l'école. Ils inventent des scénarios en s'appuyant sur leur vécu personnel, se parlent à eux-mêmes pour se dire ce qu'ils envisagent. Progressivement, des échanges courts s'installent avec l'adulte et entre les élèves pour demander un véhicule, dire ce que l'on fait ou ce que l'on veut faire.

OBJECTIFS LANGAGIERS

Oser parler à l'école.

Utiliser le langage dans des jeux à plusieurs avec les véhicules.

CONDUITES LANGAGIÈRES

Établir le contact, dire ce que l'on ressent, demander, dire ce que l'on fait ou veut faire, expliquer, raconter.

LEXIQUE ET SYNTAXE MOBILISÉS

Langage en réception et en production

Acquérir un vocabulaire pertinent concernant les actes du quotidien pour pouvoir jouer avec les véhicules.
Produire des phrases correctes même très courtes pour commenter ses actions (auto-langage) en jouant et expliquer à l'enseignant ce que l'on fait.
Noms: les noms des véhicules, route, tunnel, pont, chemin, roue.
Verbes: aller, doubler, se garer, s'arrêter, transporter, tourner, avancer, reculer, réparer.
Indicateurs spatiaux: sur, sous, dans.

CLASSE ENTIÈRE DANS UN ESPACE SPÉCIALEMENT DÉDIÉ AUX JEUX AVEC LES VÉHICULES MINIATURES.

DES ATELIERS SONT MIS EN PLACE POUR POUVOIR TRAVAILLER AVEC L'ENSEMBLE DE LA CLASSE : LES GARAGES, LES TAPIS DE ROUTE, LES DUPLO, LES ENGINS ET LE SABLE, LE CIRCUIT TREMPLIN, LE CIRCUIT DE TRAIN, LES LIVRES, LES IMAGES

Séance hebdomadaire de 20 minutes pendant un trimestre

MATÉRIEL ET SUPPORTS

- ★ Différents garages, plusieurs tapis de jeux avec et sans parcours, du papier sur une table pour garder la trace des circuits.
- ★ Des bandes de papier pour matérialiser les places de parking, des boites à chaussures pour matérialiser des garages.
- ★ De nombreux véhicules de toutes sortes.
- ★ Des figurines variées du type Duplo, Clipo...
- ★ Des jeux de construction pour fabriquer des parcours, des obstacles, des circuits.

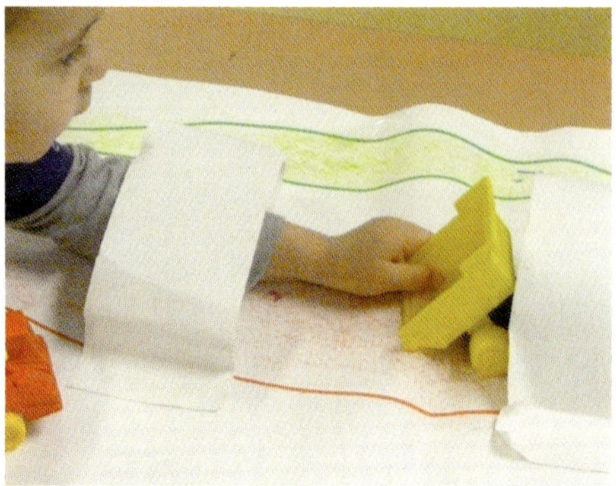

Des éléments (garages, tunnel...) sont fabriqués par l'enseignant. Les ponts sont matérialisés par des bancs placés entre deux tables.

Au cours des premières séances, les jeux ne sont pas organisés. Les élèves ont besoin de temps pour s'approprier les espaces et le matériel.

Il faut sortir la voiture du garage pour emmener les enfants à l'école.

Un accident a eu lieu entre deux véhicules ou sous un tunnel. Que faut-il faire? À qui téléphoner?

En grand groupe, les élèves explorent les différents ateliers proposés. Ils s'installent autour des tables, des circuits, des garages et des tapis de jeu pour jouer avec les véhicules ou pour feuilleter des livres sur la thématique.

RÔLE DE L'ENSEIGNANT

- Observer les activités et prendre en note le langage des élèves, repérer les scénarios possibles.
- Stimuler l'activité langagière par un questionnement ouvert. Reformuler, proposer des relances, faciliter les interactions.
- Focaliser ses interventions sur la désignation de plus en plus précise des véhicules. Apporter le nom précis (voiture de course, voiture de police). Faire préciser la fonction des véhicules.
- Provoquer des évolutions du jeu (changement de direction, de véhicules, d'atelier), inviter à un changement de matériel, une exploration différente, jouer et parler avec les élèves.
- Photographier les élèves en action pour évoquer ce que l'on a vécu.

TÂCHE DES ÉLÈVES

- Manipuler librement le matériel et les véhicules.
- Nommer le véhicule choisi: «J'ai pris un camion de pompier. J'ai choisi… J'ai un…».
- Parler des actions conduites avec des phrases du type «Je fais des cascades», «Je passe sous le pont».
- Interpeler les adultes, les camarades avec des phrases du type «Tu me prêtes», «Il ne veut pas», «Regarde, c'est la police».
- Commencer à définir l'usage des véhicules: pour vider, pour creuser, pour transporter…
- Ranger les véhicules. Après un temps de rangement libre, les élèves peuvent décider d'un classement en fonction de leur couleur, de leur fonction ou de leur désignation pour les voitures, camions, avions, grues, tracteurs… Associer une image générique aux boites de rangement.

DIFFÉRENCIATION

- Avec les plus jeunes, c'est l'enseignant qui commente les actions réalisées.

CRITÈRES DE RÉUSSITE

- **Cherche à communiquer et à être compris.**
- **Répond verbalement à une sollicitation de l'adulte même de manière très brève.**

JOUER DE NOUVEAUX SCÉNARIOS AVEC LES VÉHICULES

FONCTIONS DU LANGAGE MOBILISÉES

Imaginative
Pour créer son propre environnement, inventer son monde.

Interpersonnelle
Pour entrer en relation avec autrui.

Régulatrice
Pour contrôler le comportement d'autrui.

SCÈNE DE LANGAGE

Les élèves expérimentent en petits groupes de nouveaux scénarios déclenchés par l'enseignant et par la lecture d'albums documentaires. Ils jouent des scènes, anticipent et commentent leurs actions, échangent avec leurs camarades, formulent des demandes, fixent des règles, engagent les figurines dans des dialogues courts.

OBJECTIFS LANGAGIERS

Utiliser le langage dans des jeux à plusieurs avec les véhicules.

Comprendre une histoire proche de son vécu racontée par l'enseignant.

CONDUITES LANGAGIÈRES

Établir le contact, écouter, commenter, raconter, expliquer, demander, donner des consignes, fixer des règles.

LEXIQUE ET SYNTAXE MOBILISÉS

Noms: les noms des véhicules et en fonction des scénarios joués le camion de pompiers, ambulance, blessé, docteur, voiture de police, voleur, panne, garage, garagiste, moteur, essence, accident, ceinture, clignotants.
Verbes: aller, partir, démarrer, freiner, doubler, se garer, s'arrêter, transporter, tourner, avancer, reculer, réparer, monter, téléphoner.
Indicateurs spatiaux: sur, sous, dans, devant, derrière.

CLASSE ENTIÈRE DANS UN GRAND ESPACE DÉDIÉ AUX ACTIVITÉS AVEC LES VÉHICULES

Séance hebdomadaire de 20 minutes pendant un trimestre

MATÉRIEL ET SUPPORTS

- ★ Matériel identique à la séance 1.
- ★ Des figurines variées du type Duplo, Clipo...
- ★ L'album *Ma voiture*.
- ★ Le diaporama *Ma voiture* **(page 136 et)**.

Ma voiture
Byron Barton
© L'école des loisirs 2002

RÔLE DE L'ENSEIGNANT

- S'installer dans un atelier et jouer avec les élèves.
- Mettre en place des scénarios connus à partir de déclencheurs variés (voir les pages consacrées aux conditions et moyens pour permettre aux élèves de réussir qui sont présentées en introduction de cette séquence).
- En fin de séance avec les MS, de retour en classe, amener un groupe d'élèves à évoquer les jeux menés dans leur atelier pour que leurs camarades puissent y jouer lors de la prochaine séance. En PS, c'est l'enseignant qui se charge de l'évocation tout en veillant à laisser de la place pour l'intervention des petits.
- Enrichir les scénarios par la lecture de l'album *Ma voiture* raconté à l'aide du diaporama **(page 137 et)** puis avec le livre qui est lu et relu plusieurs fois en grand et en petit groupe.

TÂCHE DES ÉLÈVES

- Participer oralement au jeu à plusieurs. Répondre aux sollicitations de l'adulte par une action, un mot, une phrase courte, prendre l'initiative d'un échange, même non verbal.
- De retour en classe, raconter ce qui s'est passé dans un atelier.
- Écouter et comprendre le texte de l'album *Ma voiture* raconté puis lu par l'enseignant.

DIFFÉRENCIATION

- Quand il joue avec des petits parleurs, l'enseignant rend lisible le langage pour dire ce qu'il pense, ce qu'il ressent, ce qu'il projette de faire et les raisons qui le conduisent à effectuer certaines actions.

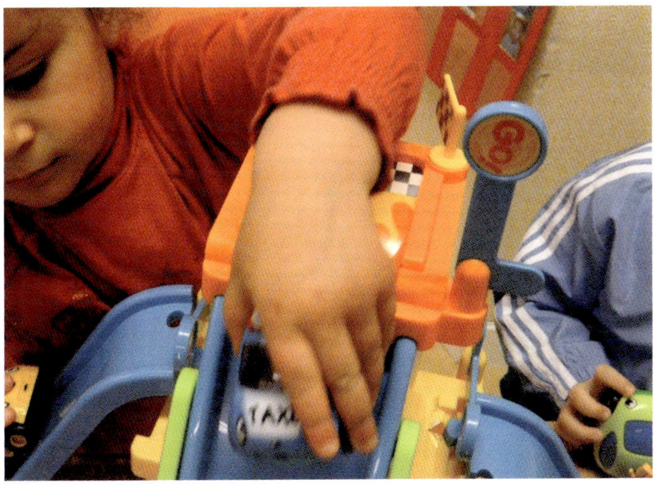

Les élèves découvrent de nouveaux types de véhicules. L'enseignant leur a montré la photo d'un taxi dans un imagier puis a expliqué la fonction de cette voiture. Il joue avec un petit groupe à partir du scénario suivant : Madame Duplo appelle un taxi pour se rendre à la gare. Elle prend le train pour aller à Paris.

Un voleur a attaqué la banque. La police le poursuit, le capture et le met en prison.

CRITÈRES DE RÉUSSITE

- **Entre en communication avec un autre élève ou un adulte de façon verbale.**
- **Explique ce qu'il fait, veut faire ou va faire.**

Ma voiture
Byron Barton

DIAPORAMA **Séance 2**

Ma voiture

OBJECTIFS LANGAGIERS

- Comprendre une histoire proche de son vécu racontée par l'enseignant.
- Reformuler quelques éléments de l'histoire en s'appuyant sur la succession des images.

LEXIQUE ET SYNTAXE MOBILISÉS

Langage en réception

Comprendre que c'est le héros qui parle.
Acquérir un vocabulaire pertinent concernant les actes du quotidien pour comprendre un récit simple.
Connaitre le vocabulaire technique de la voiture.
Noms : phares, essuie-glaces, volant, moteur, réservoir d'essence.
Verbes : conduire, remplir.

Langage en production

Reformuler quelques éléments de l'histoire écoutée en jouant au coin garage. Jouer le rôle de Sam (« je lave ma voiture ») ou raconter ce que fait une figurine qui s'appelle Sam en utilisant le pronom personnel *il* : « Sam lave sa voiture » ou « il lave sa voiture ».

Un petit personnage nommé Sam présente sa voiture rouge et explique son fonctionnement et sa construction. Il se rend à son travail avec sa voiture. Il exerce la profession de chauffeur de bus dans une grande ville.

LES SCÉNARIOS MIS EN SCÈNE SUITE À LA LECTURE DE L'ALBUM *MA VOITURE*

Les illustrations de cet album sont vidéo projetées pour faciliter la compréhension et les échanges entre les élèves. Le diaporama est visible en accès libre sur l'ordinateur de la classe ou sur une tablette par deux élèves qui peuvent ainsi échanger.

Suite aux nombreuses lectures de l'album *Ma voiture*, les élèves rejouent de nombreuses scènes avec les véhicules miniatures de l'école.

En s'aidant des illustrations de l'album, ils jouent le rôle de Sam qui se rend au travail (« je lave ma voiture ») ou racontent ce que fait une figurine qui s'appelle Sam. Ils reproduisent le scénario en suivant la trame du récit.

Dans des jeux plus libres, ils jouent à laver leur voiture. Ils vont chez le garagiste pour la faire réparer. Ils font le plein d'essence.

L'introduction de la figurine de l'agent de police les amène à évoquer les règles du Code de la route qu'ils doivent respecter. Il faut tenir compte des piétons et les laisser traverser, rouler du bon côté de la route, s'arrêter au stop, ne pas rouler trop vite...

Sam va au travail.

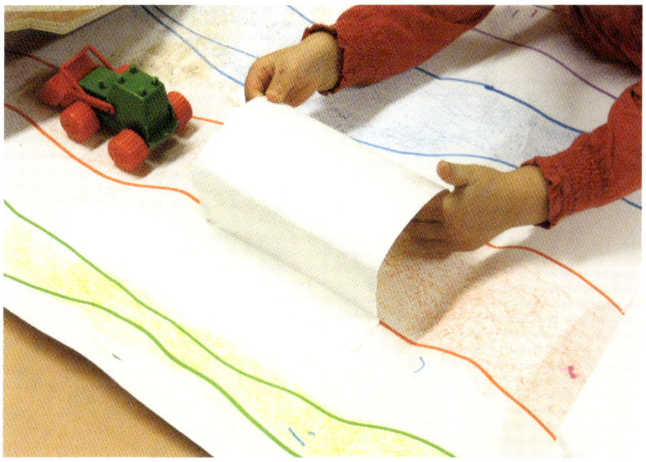

Sam allume ses phares quand il passe sous le tunnel.

Sam conduit un bus.

JOUER UN SCÉNARIO : LE CHANTIER

FONCTIONS DU LANGAGE MOBILISÉES

Imaginative
Pour créer son propre environnement, inventer son monde.

Heuristique
Pour en savoir plus sur le monde.

SCÈNE DE LANGAGE

Les élèves réinvestissent et mettent en scène avec les engins de chantier les scénarios découverts en écoutant les textes des deux albums (*Sur le chantier* et *Petit-camion*) racontés puis lus par l'enseignant. Ils commentent leurs actions, expliquent ce qu'ils font et ce qu'ils vont faire, racontent une histoire.

OBJECTIFS LANGAGIERS

Comprendre un texte écrit illustré lu par l'enseignant.

Raconter une histoire.

CONDUITES LANGAGIÈRES

Écouter, comprendre, reformuler, décrire, raconter, expliquer.

LEXIQUE ET SYNTAXE MOBILISÉS

Langage en réception

Comprendre et acquérir un vocabulaire pertinent concernant le rappel des histoires entendues : *Sur le chantier* et *Petit-camion*.

Langage en production

Reformuler quelques éléments de l'histoire.
Se saisir d'un nouvel outil linguistique lexical et syntaxique fourni par l'enseignant quand il manque, en situation, pour exprimer ce qu'il va dire dans le cadre du jeu avec les engins de chantier. Utiliser le pronom *nous*.
Noms : pelleteuse, camion benne, chargeur, bulldozer, bétonnière, rouleau, compresseur.
Verbes : transporter, charger, décharger, soulever, creuser, mélanger, se mettre au travail, travailler.
Connecteurs de temps : maintenant, après.

PHASE 1 COLLECTIF
30 minutes

PHASE 2 PETIT GROUPE DE LANGAGE
20 minutes

MATÉRIEL ET SUPPORTS

- ★ Les engins de chantier de l'école.
- ★ Les albums *Sur le chantier* et *Petit-camion*.
- ★ Les diaporamas *Sur le chantier* et *Petit-camion* (**pages 142 et 143 et** ☁).

Sur le chantier
Byron Barton
© L'école des loisirs 1987

Petit-camion
Michel Gay
© L'école des loisirs 1983

Les élèves expliquent à l'enseignant ce qu'ils vont faire.

La lecture de l'album Petit-camion motive les élèves pour reproduire le scénario du chantier de la maison. Ils réfléchissent au matériel nécessaire et aux actions à mener avant de jouer. Au cours de l'année, les élèves ont cherché comment construire une maison avec du matériel varié du type Duplo, Clipo ou Kapla.

Phase 1 LIRE *SUR LE CHANTIER* PUIS JOUER AVEC LES ENGINS

RÔLE DE L'ENSEIGNANT

- Raconter l'histoire *Sur le chantier* sans montrer les images.
- Présenter toutes les illustrations de l'album en tournant les pages en silence ou en utilisant le diaporama **(page 142 et)**.
- Recueillir les premiers essais de rappel du récit des élèves.
- Lire le texte sans les images puis avec les images.

TÂCHE DES ÉLÈVES

- Écouter et comprendre une histoire racontée par l'adulte.
- Observer les illustrations et commencer à raconter avec ses propres mots.

DIFFÉRENCIATION

- Adapter ses objectifs et ses attentes en fonction du développement de chacun.

Phase 2 LIRE *PETIT-CAMION* PUIS JOUER AVEC LES ENGINS

RÔLE DE L'ENSEIGNANT

- Raconter l'histoire *Petit-camion* en s'appuyant sur le diaporama **(page 143 et)**. Lancer le projet de construction d'une maison comme dans l'album.
- Parler de ce qui est en train de se faire, commenter ce que fait l'élève.
- Apporter d'autres scénarios : construire une route, une maison pour la famille Duplo.

TÂCHE DES ÉLÈVES

- Parvenir à construire progressivement leurs propres scénarios, voire à reprendre partiellement ou complètement ceux initiés par l'enseignant et par la lecture d'albums et de documentaires.

CRITÈRES DE RÉUSSITE

- **Reformule quelques éléments de l'histoire lue par l'enseignant.**
- **Réinvestit des éléments de l'histoire lue en jouant avec les engins.**

Sur le chantier
Byron Barton

DIAPORAMA **Séance 3**

Sur le chantier

OBJECTIFS LANGAGIERS

- Comprendre une histoire proche de son vécu racontée par l'enseignant.
- Reformuler quelques éléments de l'histoire en s'appuyant sur la succession des images.

LEXIQUE ET SYNTAXE MOBILISÉS

Obstacles à la compréhension

Comprendre qui parle dans cet album du fait de l'utilisation dans le texte de l'impératif à la 1re personne du pluriel («Creusons cette route»). Pour répondre à cette difficulté, l'enseignant raconte cette histoire en jouant le rôle du chef de chantier qui s'engage dans le travail avec les ouvriers.

Langage en réception

Comprendre que l'histoire se déroule sur une journée. Repérer et nommer les moments de la journée: matin, midi, après-midi et soir. Acquérir un vocabulaire pertinent concernant le chantier: verbes d'actions, nom des matériaux et des engins.

Langage en production

Reformuler quelques éléments de l'histoire écoutée lors des jeux au coin chantier

Hé, les gars!
Mettons-nous au travail.
Démolissons cet immeuble.
Déracinons cet arbre au bulldozer.
Creusons cette route.
Chargeons ce camion.
Déchargeons ces gravats.
Et maintenant déjeunons.
Ensuite, creusons un trou.
Mélangeons le ciment.
Soulevons cette poutrelle.
Construisons cet immeuble.
Construisons cette route.
Bon. Arrêtons les machines.
Rentrons chez nous.
Demain le travail recommence.

Petit-camion
Michel Gay

DIAPORAMA **Séance 3**

Petit-camion

OBJECTIFS LANGAGIERS

- Comprendre une histoire proche de son vécu racontée par l'enseignant.
- Raconter une histoire proche de son vécu.
- Comparer des histoires sur la même thématique d'un véhicule qui devient un personnage : *Petit-avion, Petit-camion* et *Petit-bateau* de Michel Gay, les dessins animés Planes et Cars.

LEXIQUE ET SYNTAXE MOBILISÉS

Obstacles à la compréhension

Comprendre une histoire où le personnage est un objet.
Comprendre que c'est le camion qui parle.

Langage en réception

Comprendre que *je* remplace le camion.
Comprendre et reformuler des phrases de plus en plus longues et correctement construites.
Verbes : transporter, travailler, construire, préférer, passer, retrouver.
Indicateurs spatiaux : sous, sur.

Je suis pressé. Je travaille.
Je transporte de très grosses pierres ou du sable pour construire des maisons ou des ponts.
Ça roule bien sur l'autoroute.
Dans la montagne, c'est fatigant.
J'ai mal au cœur dans les virages.
Je préfère les descentes.
Je passe sous la montagne.
Il fait noir dans le tunnel.
Je fais un beau tas de sable pour les enfants.
Le soir, je retrouve mes copains pour dormir.

J'y vais !

FONCTION DU LANGAGE MOBILISÉE

Imaginative
Pour créer son propre environnement, inventer son monde.

Personnelle
Pour exprimer ses sentiments personnels, ses gouts.

LEXIQUE ET SYNTAXE MOBILISÉS

Langage en réception

Comprendre un texte écrit illustré avec de nombreux personnages (le lien avec le héros n'est pas toujours indiqué) et dans lequel on ne dit jamais précisément où va le héros (J'y vais !).
Connaitre les objets de l'histoire et leurs fonctions.
Comprendre le *si* de condition : « Voilà des biscuits, si tu as faim ».

Langage en production

En PS, reformuler quelques éléments de l'histoire.
En MS, raconter l'histoire, la jouer en utilisant ses propres mots. Mémoriser certains dialogues.

Intérêt de l'album

Cet album permet d'aborder de façon positive le besoin de grandir et de devenir autonome, la nécessité de la propreté et de la solidarité des proches qui sécurise les petits.

J'y vais !
Matthieu Maudet
© L'école des loisirs 2011

Ce matin, Petit oiseau a décidé de quitter son nid douillet. « J'y vais ! » déclare-t-il avec aplomb à sa famille et à ses amis. Chacun semble ravi de sa décision et l'encourage en lui conseillant – au cas où ! d'enfiler un pull, d'emporter une lampe ou une radio, de prendre un livre, un parapluie... Mais où va cet adorable oisillon ? À écouter son entourage, on pourrait penser qu'il s'engage pour une véritable expédition. Malgré les apparences, ce sympathique oisillon ne va pas très loin, il se rend simplement au petit coin !

étape 1

Comprendre l'histoire qui est racontée avec des marottes

▸ **COMPRENDRE ET APPRENDRE**
Être attentif lors de l'écoute d'une histoire et la comprendre.

GROUPE CLASSE • 20 MINUTES

Matériel Pour le décor : des objets pour symboliser le nid et la branche comme un cerceau et des bancs alignés.
De grandes marottes format A4 de chaque personnage découpées et scotchées sur une baguette ou des peluches.
Les objets de l'histoire.
Un panier pour que le héros puisse transporter les objets.

1 L'histoire est mise en scène et jouée par l'enseignant avec les marottes ou des peluches et un arrêt avant la chute de l'histoire.

2 Des hypothèses sont formulées sur la destination de l'oisillon. Le dévoilement du pot crée la surprise et fait réagir l'auditoire.

3 L'histoire est jouée plusieurs fois dans la semaine. Les volontaires prennent progressivement le rôle du héros.

étape 2

Comprendre l'histoire qui est lue par l'enseignant

▸ **ÉCOUTER DE L'ÉCRIT ET COMPRENDRE**
Comprendre une histoire lue par l'enseignant.

GRAND GROUPE PUIS PETIT GROUPE • 15 MINUTES

Matériel L'album *J'y vais !*
Le diaporama réalisé à partir de cet album.

1 Les images de l'album *J'y vais !* sont présentées à l'aide du diaporama **(page 143 et ☁)**. Les élèves reconnaissent des éléments de l'histoire, commentent et reformulent quelques éléments du récit avec leurs propres mots.

2 Au cours de la semaine, l'histoire est lue plusieurs fois par l'enseignant en montrant les images.

3 Échanges à propos de la compréhension de l'histoire à partir de questions ouvertes (À votre avis, comment se fait-il que... ? Pourquoi... ?) et de deux constats : l'oisillon est très fier d'aller sur le pot et son entourage est enthousiaste.

4 Au cours des séances suivantes, l'enseignant invite ses élèves à manipuler les marottes pendant sa lecture pour relancer l'intérêt.

étape 3 (MS)

Jouer l'histoire avec les marottes

▸ **COMPRENDRE ET APPRENDRE**
Raconter une histoire en la jouant.

PETIT GROUPE DE 8 ÉLÈVES • 15 MINUTES

Matériel Identique à l'étape 1.

1 Le projet est d'essayer de jouer l'histoire.

2 Chaque élève choisit une marotte ou une peluche, prend l'objet qui lui correspond et se positionne dans l'espace pour jouer l'histoire et la reformuler avec ses propres mots.

3 Chacun à son tour joue le rôle de l'oisillon.

étape 4 (MS)

Inventer une autre histoire

▸ **COMPRENDRE ET APPRENDRE**
Raconter une histoire en changeant quelques éléments.

PETIT GROUPE DE 8 ÉLÈVES • 20 MINUTES

Matériel Une image de baignoire. Les marottes des personnages. Des objets comme une banane, une bouée, une petite voiture, un pistolet à eau, des palmes, une bouteille de jus de fruits, un jeu, un short, un bonnet, un canard, des brassières…

1 Lancer le projet d'inventer une nouvelle histoire pour l'oisillon. Sa destination serait la salle de bains représentée par une image de baignoire.

2 Placer la marotte du héros à une extrémité de la table et la baignoire à l'autre extrémité. Identifier et nommer les objets. Donner leurs fonctions.

3 Prendre la marotte de la maman et chercher un objet qu'elle pourrait lui donner et dire pourquoi.
Prends cette banane si tu as faim. Emporte cette voiture si tu es pressé.

4 Chercher en prévision de quoi il devrait prendre certains objets : le pistolet à eau si tu as peur, la bouteille de jus de fruits si tu as soif, le jeu si tu t'ennuies, le short si tu as trop chaud, le bonnet si tu as froid, la bouée pour ne pas te noyer…

5 Choisir un objet pour chaque personnage et jouer la nouvelle histoire. À la fin, le héros saute dans la baignoire.

En MS, production de textes écrits avec dictée à l'adulte

L'histoire inventée au cours de l'étape 4 sert de support à la création d'un album. Chaque groupe est chargé de la rédaction d'une partie de l'histoire.

DIAPORAMAS
POUR APPRENDRE À PARLER

DIAPORAMA **Étape 2**

J'y vais !

Cette fois, c'est décidé, j'y vais !

Maman, j'y vais !
D'accord, mais enfile ce pull, il pourrait faire froid.

Écureuil, j'y vais !
Tu veux mon parapluie ?

Et voilà, j'y suis !

À LA SOUPE !

Scènes du quotidien

Situation motivante
Les élèves sont motivés par la manipulation d'objets techniques et par leur utilisation dans le cadre d'un projet de fabrication. Dans cette séquence, ils sont amenés à préparer de la soupe puis à reproduire le scénario de sa préparation au coin cuisine.

Objectifs langagiers
Dans les coins jeux, l'implication de l'élève dans l'action, le corporel, le sensible est importante. Néanmoins, elle n'est pas suffisante pour développer les compétences langagières et une approche réflexive des situations vécues. C'est vraiment l'articulation entre le *dire* et le *faire* qui devra se mettre en place en interaction avec les autres élèves et les adultes de la classe. Parler et réfléchir ensemble est l'objectif principal de cette séquence qui va aussi permettre d'identifier la fonction de certains écrits et de s'engager dans une dictée à l'adulte.

Place dans la programmation
Cette séquence permet d'enrichir les scénarios de jeux possibles au coin cuisine sur la thématique de la préparation d'un plat en multipliant et en diversifiant les expériences vécues : par l'action (réaliser une recette), par l'image (visionner des diaporamas, des imagiers, des livres de recettes), par l'album (histoire proche du vécu des élèves), par le jeu (imitation au coin cuisine), par la vidéo (films d'animation avec les héros des petits).

Mobiliser le langage dans toutes ses dimensions

	L'ORAL
✗	Oser entrer en communication
✗	Comprendre et apprendre
✗	Échanger et réfléchir avec les autres
✗	Commencer à réfléchir sur la langue et acquérir une conscience phonologique

	L'ÉCRIT
✗	Écouter de l'écrit et comprendre
	Découvrir la fonction de l'écrit
✗	Commencer à produire des écrits et en découvrir le fonctionnement
	Découvrir le principe alphabétique
	Commencer à écrire tout seul

SÉANCE 1
Langage oral

IDENTIFIER ET NOMMER LES LÉGUMES DE LA SOUPE

▸ **Commencer à réfléchir sur la langue et acquérir une conscience phonologique**

S'intéresser aux mots nouveaux qu'on rencontre pour les comprendre et les utiliser.

SÉANCE 2
Langage oral
Langage écrit

COMPRENDRE LA RECETTE DE LA SOUPE

▸ **Échanger et réfléchir avec les autres**

Participer verbalement à un projet.

▸ **Écouter de l'écrit et comprendre**

Comprendre un texte écrit illustré, lu par l'enseignant.

SÉANCE 3
Langage oral

DIRE CE QU'IL FAUT FAIRE POUR RÉALISER LA RECETTE

▸ **Échanger et réfléchir avec les autres**

Prendre la parole pour faire agir en s'appuyant sur l'expérience vécue.

▸ **Comprendre et apprendre**

Verbaliser un enchainement d'actions en prenant appui sur des images.

En MS, production de textes écrits avec dictée à l'adulte

▸ **Commencer à produire des écrits.**

Participer verbalement à la production d'un écrit.
À la fin de la séance 2, en petit groupe, les élèves dictent à l'adulte un message à destination de leurs camarades de GS pour leur demander un moulin à légumes.

Réactivation - Transferts

Expliquer à la marionnette de la classe comment préparer de la soupe de légumes lors des jeux au coin cuisine.
Comparer le dessin animé *Trotro fait de la soupe* avec l'expérience vécue en classe.
S'approprier d'autres scénarios de jeux au coin cuisine en lisant des albums qui racontent des histoires proches du vécu des élèves. *Petit Ours Brun aime cuisiner* comprend deux histoires: *Petit Ours Brun cuisine avec son papa* et *Petit Ours Brun fait des crêpes.*

IDENTIFIER ET NOMMER LES LÉGUMES DE LA SOUPE

FONCTIONS DU LANGAGE MOBILISÉES

Personnelle
Pour exprimer ses sentiments personnels, ses gouts.

Heuristique
Pour en savoir plus sur le monde.

SCÈNE DE LANGAGE

Chaque jour, pendant une semaine la marionnette de la classe apporte un nouveau légume dans son panier. Les élèves échangent par rapport à leur expérience personnelle, nomment le légume, le décrivent avec l'aide de l'enseignant pour pouvoir le reconnaitre dans le coin cuisine et dans un imagier, expriment leurs gouts.

OBJECTIF LANGAGIER

S'intéresser aux mots nouveaux qu'on rencontre pour les comprendre et les utiliser.

CONDUITES LANGAGIÈRES

Décrire, raconter, définir, exprimer ses gouts.

LEXIQUE ET SYNTAXE MOBILISÉS

Langage en réception

Comprendre et acquérir un vocabulaire pertinent concernant les actes du quotidien : les noms des légumes.
Noms : carotte, chou, oignon, pomme de terre, poireau, jardin, jardinier, terre.
Verbes : pousser, éplucher, couper, laver, arracher, cueillir.
Adjectifs : couleurs, taille, forme.

Langage en production

Exprimer ses gouts : dire ce que j'aime, ce que je préfère, ce que je n'aime pas.

CLASSE ENTIÈRE OU DEMI-CLASSE AU COIN REGROUPEMENT

Séances quotidiennes de 10 minutes

MATÉRIEL ET SUPPORTS

★ La marionnette de la classe et son panier.
★ Les légumes utilisés dans la recette de la soupe de légumes : poireaux, carottes, pommes de terre, oignons…
★ Les légumes du coin cuisine.
★ Des imagiers et des livres documentaires où sont représentés des légumes.

Le grand imagier
Mes premières découvertes
© Gallimard jeunesse 2003

RÔLE DE L'ENSEIGNANT

Pendant une semaine, la marionnette de la classe apporte chaque jour un des légumes qui sera utilisé dans la recette de la soupe.

- Demander aux élèves d'identifier le légume, de le nommer ou de répéter son nom et de le décrire. Couper le légume devant eux pour leur faire repérer certaines de ses caractéristiques.
- En petit groupe, mettre en place des jeux de kim avec trois légumes puis avec des images. Retourner une carte et demander à un élève de nommer le légume qui est caché.
- Faire comparer différentes représentations des légumes trouvées dans des imagiers. Les légumes du coin cuisine sont identifiés, nommés, comparés avec les originaux.
- Organiser progressivement une exposition des légumes connus de la classe dans un espace réservé : légumes, légumes en plastique du coin cuisine, photographies, affiches, dessins, fiches de jardinage, livres documentaires sur le jardin, imagiers.

TÂCHE DES ÉLÈVES

- Découvrir chaque jour un nouveau légume, le nommer, le décrire, répéter son nom.
- Exprimer ses gouts et échanger par rapport à son expérience personnelle.
- En petit groupe, jouer au jeu de kim avec des images des légumes. Retrouver le nom du légume qui est caché par l'enseignant ou par un camarade.
- Comparer des légumes qui ont une forme proche : salade, chou vert, chou-fleur par exemple.
- Identifier et nommer les légumes du coin cuisine, les comparer avec les originaux.

DIFFÉRENCIATION

- Pour ceux qui en ont besoin, proposer des jeux de reconnaissance par les sens. Utiliser des imagiers.

Pendant une semaine, la marionnette de la classe apporte chaque jour un légume qui sera utilisé dans la recette de la soupe.

CRITÈRES DE RÉUSSITE

- **Mémorise le nom des légumes de la recette à la fin de la séquence.**

COMPRENDRE
LA RECETTE DE LA SOUPE AUX LÉGUMES

FONCTIONS DU LANGAGE MOBILISÉES

Heuristique
Pour en savoir plus sur le monde.

Régulatrice
Pour contrôler le comportement d'autrui.

SCÈNE DE LANGAGE

En grand groupe, les élèves participent verbalement au projet de réalisation de la soupe aux légumes. Ils proposent des solutions pour transformer les légumes en soupe puis découvrent le texte de la recette présenté sous la forme d'un diaporama. Ils dictent à l'adulte un message pour demander un moulin à légumes à la classe des grands.

OBJECTIFS LANGAGIERS

Participer verbalement à un projet.

Comprendre un texte écrit illustré lu par l'enseignant.

CONDUITES LANGAGIÈRES

Prendre la parole, dire ce qu'on pense, évoquer ses expériences personnelles, écouter les autres, comprendre, expliquer, produire un écrit en le dictant à l'adulte.

LEXIQUE ET SYNTAXE MOBILISÉS

Langage en réception

Comprendre le texte d'une recette.
Comprendre et acquérir le vocabulaire pertinent pour verbaliser les étapes de la recette.
Verbes: éplucher, mouliner, verser, laver, couper, chauffer, cuire, mettre à bouillir, servir.

Langage en production

Proposer des solutions pour résoudre un problème en utilisant les verbes connus: chauffer, couper, éplucher.
Reformuler les étapes de la recette à la marionnette en utilisant il faut + infinitif.

EN COLLECTIF AU COIN REGROUPEMENT (PHASES 1 ET 2)
EN PETIT GROUPE DE 6 À 8 ÉLÈVES (PHASE 3)

Séance scindée en 3 phases de 20 minutes réparties sur la journée

MATÉRIEL ET SUPPORTS

★ La marionnette de la classe et son panier contenant les légumes nécessaires dans la recette de la soupe de légumes: poireaux, carottes, pommes de terre, oignons...
★ Des ustensiles: couteau, éplucheur ou économe, planche à découper, passoire, marmite, louche, cuillère, bol.
★ La recette de la soupe aux légumes **(page 148 et**).
★ Le diaporama de la recette de la soupe de légumes **(page 149 et**).

LA RECETTE DE LA SOUPE AUX LÉGUMES

Les ingrédients
6 pommes de terre
3 poireaux
5 carottes
2 oignons
1 chou vert

Les ustensiles
Une marmite avec son couvercle
Du sel
Un couteau pointu
Un éplucheur ou un économe
Une passoire
Un moulin à légumes

Le déroulement
1. Préparer les ingrédients.
2. Éplucher les pommes de terre et les carottes.
3. Couper tous les légumes en morceaux.
4. Rincer les légumes dans la passoire puis les mettre dans la marmite.
5. Ajouter de l'eau et du sel et faire cuire trente minutes à feu doux.
6. Passer au moulin à légumes.
7. Déguster.

SCÉNARIO

- **L'enseignant manipule et prête sa voix à la mascotte de la classe qui mange un bol de soupe à l'arrivée des élèves. Une discussion s'engage pour savoir ce qu'elle mange.**
  La mascotte explique que la soupe de légumes est son plat préféré et qu'elle a apporté tout ce qu'il faut dans son panier pour en préparer pour toute la classe mais qu'elle ne sait pas comment faire.

Phase 1 S'APPROPRIER LE PROBLÈME

RÔLE DE L'ENSEIGNANT

- Manipuler et prêter sa voix à la mascotte de la classe qui mange un bol de soupe à l'arrivée des élèves.
- Engager une discussion pour savoir ce qu'elle mange.
  La mascotte explique que la soupe de légumes est son plat préféré et qu'elle a apporté tout ce qu'il faut dans son panier pour en préparer pour toute la classe. Son problème est qu'elle ne sait pas comment faire.
- Amener les élèves à s'interroger sur les étapes de fabrication de la soupe. Formuler le problème : comment passer de nos légumes (solides et froids) à de la soupe (liquide et chaude) ?

TÂCHE DES ÉLÈVES

- Participer à la réflexion en proposant des solutions. Essayer de trouver à quoi servent les ustensiles et essayer d'anticiper les étapes de réalisation de la recette.

Phase 2 COMPRENDRE LA RECETTE

RÔLE DE L'ENSEIGNANT

- Annoncer le but de la séance.
- Expliquer qu'il a trouvé la recette sur internet **(page 148 et** ☁**)**. Projeter les images du diaporama **(page 149 et** ☁**)** en laissant réagir les enfants et verbaliser les étapes de la recette.
- Lire le texte de chaque diapositive.

TÂCHE DES ÉLÈVES

- Décrire les images du diaporama. Dire ce qu'il faudra faire pour préparer la soupe. Essayer de verbaliser les grandes étapes de la recette.
- Lister oralement pour chaque image les ustensiles à prévoir.
- Constater que la classe n'a pas de moulin à légumes.
- Dire ce qu'ils ont retenu.

Phase 3 PRODUIRE UN ÉCRIT

RÔLE DE L'ENSEIGNANT

- Annoncer aux élèves qu'ils vont écrire un message aux grands pour leur demander un moulin à légumes.
- Écrire sous la dictée en rendant lisible l'acte d'écriture. Encourager les productions orales, reformuler si besoin, accompagner la rédaction de commentaires. Rappeler ce qui a déjà été écrit puis relire le texte en fin de production.

TÂCHE DES ÉLÈVES

- Participer verbalement à la rédaction du message.

DIAPORAMAS
POUR APPRENDRE À PARLER

DIAPORAMA **Séance 2**

La soupe de légumes

CRITÈRES DE RÉUSSITE

- **Verbalise une action à réaliser lors de la recette.**

DIRE CE QU'IL FAUT FAIRE POUR RÉALISER LA RECETTE

FONCTION DU LANGAGE MOBILISÉE

Régulatrice
Pour contrôler le comportement d'autrui.

SCÈNE DE LANGAGE

Les petits groupes se succèdent au coin cuisine pour réaliser la soupe de légumes. À chaque étape de la recette, les élèves essayent de se remémorer ce qu'il faut faire.
Pendant les jours qui suivent, ils jouent au coin cuisine, font semblant de préparer de la soupe, expliquent à l'adulte ou à un camarade ce qu'il faut faire.

OBJECTIFS LANGAGIERS

Verbaliser un enchainement d'actions en prenant appui sur des images.

Prendre la parole pour faire agir en s'appuyant sur l'expérience vécue.

CONDUITES LANGAGIÈRES

Prescrire, commenter.

LEXIQUE ET SYNTAXE MOBILISÉS

Langage en réception

Utiliser un vocabulaire pertinent concernant les actes du quotidien.
Verbes: éplucher, rincer, mouliner, verser, laver, couper, chauffer, faire cuire, mettre à bouillir, laisser bouillir, déguster.
Utiliser les outils linguistiques du discours prescriptif: il faut + infinitif, il ne faut pas + infinitif, on doit + infinitif.
Indicateurs de temps: après, maintenant, d'abord.

PETITS GROUPES DE LANGAGE

30 minutes

MATÉRIEL ET SUPPORTS

★ Des légumes frais: poireaux, carottes, choux, pommes de terre, oignons...
★ Des ustensiles: couteau, éplucheur, planche à découper, passoire, moulin à légumes, marmite, louche, cuillère, bol.
★ Les images du diaporama de la recette **(page 149 et** ☁**)**.

RÔLE DE L'ENSEIGNANT

- Demander aux élèves s'ils se souviennent de ce qu'il faut faire avec l'éplucheur et le couteau. Si besoin, relire la partie de la recette correspondante.
- Faire une démonstration en commentant ses actions présentes et à venir.

TÂCHE DES ÉLÈVES

- À chaque étape de la recette, rappeler ce qu'il faut faire.

RÉACTIVATION - TRANSFERTS

- Au coin cuisine, *jouer à faire semblant* de préparer de la soupe avec l'enseignant en interaction langagière.
- Expliquer à la marionnette de la classe comment préparer de la soupe de légumes.
- Visionner et dire ce que l'on a compris de l'histoire *Trotro fait de la soupe* présentée sous la forme d'un dessin animé une première fois sans le son puis après discussion avec les élèves avec le son. Comparer le récit visionné avec son vécu en classe.

Éplucher les légumes.

Les ingrédients passent au moulin à légumes.

Les élèves manipulent le moulin à légumes pour écraser les légumes cuits.

CRITÈRES DE RÉUSSITE

- **Prend la parole.**
- **Verbalise une à plusieurs actions à réaliser pour préparer une soupe en utilisant *il faut + infinitif.***

Pop mange de toutes les couleurs

FONCTION DU LANGAGE MOBILISÉE

Imaginative
Pour créer son propre environnement, inventer son monde.

LEXIQUE ET SYNTAXE MOBILISÉS

Langage en réception

Identifier le personnage principal par une expression du type « C'est l'histoire de... ».
Le reconnaitre dans la suite des illustrations.
Comprendre les relations logiques, les liens de cause à effet.
Repérer quand le personnage parle.
Mobiliser les connaissances liées à la découverte du monde : fruits, légumes, arc-en-ciel, couleurs.

Langage en production

Commencer à produire des écrits en dictée à l'adulte.

Intérêt de l'album

Cet album va permettre des échanges entre les élèves pour comprendre ce qui n'est pas explicite. L'enseignant va aider à la compréhension des états mentaux du personnage principal (sa quête : son envie de découvrir le monde et de grandir, son amitié avec la grenouille). Il rend explicite les relations de causalité (lien de cause à effet entre la couleur des aliments et celle de POP). Cette histoire donne l'occasion d'aborder les thèmes liés à la santé.

Pop mange de toutes les couleurs
Pierrick Bisinski et Alex Sanders
© L'école des loisirs 2012

Quand il était petit, Pop le dinosaure ne buvait que du lait et il était tout blanc.
Mais en grandissant, Pop a gouté aux bananes et il est devenu tout jaune, puis aux petits pois et il est devenu tout vert comme son amie Lili, la grenouille.
Lors d'une promenade, après la pluie, ses yeux tombent sur un magnifique arc-en-ciel qui lui donne envie de devenir un dinosaure multicolore !
Rien de plus facile, il lui suffit de manger des oranges, du raisin et des fraises.

étape 1

Comprendre une histoire racontée par l'enseignant

► **COMPRENDRE ET APPRENDRE**
Comprendre une histoire racontée par l'enseignant.

GRAND GROUPE • 15 MINUTES

Matériel Le diaporama réalisé à partir de l'album *Pop mange de toutes les couleurs* **(page 153 et** ☁**)**.

1 Présentation des deux personnages de l'histoire : Pop le petit dinosaure et Lili la grenouille.

2 L'histoire est racontée par l'enseignant en s'appuyant sur les images du diaporama projeté sur un écran ou visionné sur un ordinateur. Le diaporama **(page 153 et** ☁**)** fait voir aux élèves des photos de fruits, de légumes et d'un arc-en-ciel pour apporter des connaissances nécessaires à la compréhension. L'enseignant formule autrement certaines parties du texte afin de le rendre plus compréhensible.

3 Laisser les élèves s'exprimer puis relancer la discussion à partir de questions ouvertes : Qu'est-ce qui arrive à Pop ? Pourquoi a-t-il envie de manger de toutes les couleurs ?

étape 2

Comprendre l'histoire lue par l'enseignant

► **ÉCOUTER DE L'ÉCRIT ET COMPRENDRE**
Comprendre une histoire lue par l'enseignant.
Feuilleter un album connu pour raconter ou se raconter l'histoire.

PETIT GROUPE • 15 MINUTES

Matériel L'album *Pop mange de toutes les couleurs.*

1 En petit groupe, l'enseignant apporte l'album Pop mange de toutes les couleurs, le feuillette devant les élèves qui reconnaissent l'histoire racontée à l'aide du diaporama. Ils reformulent quelques éléments de l'histoire en s'aidant des images.

2 L'enseignant lit le texte en montrant les images. Dans les dialogues, il montre le personnage qui parle et module sa voix en fonction du personnage.

3 Après plusieurs relectures, demander aux élèves les plus fragiles de venir raconter l'histoire à la marionnette de la classe qui les attend au coin livres. Soutenir les productions, enrichir leur expression, préciser l'emploi des connecteurs ou du lexique. Si besoin, alléger en prenant en charge la narration tout en veillant à laisser aux élèves la possibilité d'intervenir au cours du récit.

étape 3
Acquérir du vocabulaire

▸ **COMMENCER À RÉFLÉCHIR SUR LA LANGUE**
Comprendre, acquérir et utiliser un vocabulaire pertinent concernant les aliments et les couleurs.

PETIT GROUPE • 20 MINUTES

Matériel Le diaporama *Jouons avec POP* ()

1 Jeux d'anticipation et de reconnaissance des couleurs et des aliments.

Jeu 1 Les élèves doivent anticiper la couleur de Pop après qu'il ait mangé un aliment.

Jeu 2 Les élèves doivent anticiper l'aliment qui a pu causer le changement de couleur de Pop.

2 Tris d'images.
De nombreuses images de fruits et de légumes ont été découpées par un adulte. Tris successifs de ces images et rangement dans des boites : une boite pour les fraises, une boite pour les bananes... Ces images seront utilisées pour réaliser une production plastique au cours de l'étape 4.

étape 4 (MS)
Inventer d'autres scènes avec Pop

▸ **COMMENCER À RÉFLÉCHIR SUR LA LANGUE**
Utiliser un vocabulaire pertinent concernant les aliments et les couleurs.

▸ **COMMENCER À PRODUIRE DES ÉCRITS**
Produire un énoncé oral dans une forme adaptée pour qu'il puisse être écrit.

PETIT GROUPE • 15 MINUTES

Matériel Une silhouette de Pop, un lot d'images de fruits et de légumes par élève.

1 Le projet des élèves est d'utiliser les images de fruits et de légumes qu'ils ont triés lors de l'étape 3 pour donner à manger à Pop.

2 Jeu de la marchande de fruits et légumes. L'adulte joue le rôle du marchand de fruits et de légumes. Les images sont placées à distance des élèves dans les boites avec une étiquette (image) pour indiquer leur contenu.

3 Les élèves viennent au magasin de fruits et de légumes pour demander des images de fruits et de légumes.

4 Chacun colle ses images sur une grande silhouette de Pop au format A3 et dicte à l'adulte une ou deux phrases pour expliquer ce que Pop a mangé.

5 Observation de plusieurs œuvres d'Arcimboldo et mise en relation avec leur pratique. Rapprocher les œuvres entre elles et avec les productions des élèves en donnant des critères.

DIAPORAMAS
POUR APPRENDRE À PARLER

DIAPORAMA **Étape 1**
Pop mange de toutes les couleurs

Quand Pop mange une banane, il devient tout jaune.

Puis Pop mange des petits pois et devient tout vert.

Un peu plus tard, Pop mange des oranges et du raisin.

À la fin de l'histoire, Pop devient multicolore.

Fruits et légumes

étape 1

Un jour, un fruit

▸ **OSER ENTRER EN COMMUNICATION**
Comprendre et acquérir un vocabulaire pertinent concernant les actes du quotidien comme les repas: les noms des fruits. Exprimer ses gouts: ce que j'aime manger et ce que je n'aime pas manger.

GROUPE-CLASSE OU DEMI-CLASSE.

Matériel Les fruits en plastique du coin cuisine. Plusieurs fruits de la même variété: pommes de différentes couleurs, pamplemousses, oranges, citrons jaunes et verts, poires, kiwis, bananes. Des imagiers.

▸ Pendant une période de deux semaines, une opération *Un jour, un fruit* est organisée dans la classe pour sensibiliser les élèves à la nécessité d'avoir une alimentation variée. Chaque jour, ils découvrent un nouveau fruit, s'expriment et échangent par rapport à leur expérience personnelle. L'enseignant leur demande de l'identifier et de le nommer ou de répéter son nom. Il coupe le fruit devant eux pour leur faire repérer certaines de ses caractéristiques: couleurs, présence de pépins, peau, écorce, queue. Une exposition de fruits est organisée progressivement au coin regroupement. Le fruit exposé est comparé avec les fruits déjà présents: couleur, forme, taille. Les fruits du coin cuisine sont identifiés, nommés, comparés avec les *originaux* et exposés.

▸ À la fin de chaque semaine, les élèves goutent une tranche de chacun des fruits qu'ils ont découverts. Ils disent ce qu'ils ont aimé, ce qu'ils n'ont pas aimé, ce qu'ils préfèrent. C'est l'occasion de travailler sur les adjectifs liés au gout.

étape 2

Les fruits emballés

▸ **ÉCHANGER ET RÉFLÉCHIR AVEC LES AUTRES**
Utiliser quelques adjectifs en relation avec les couleurs, les formes et les grandeurs.

GROUPE DE CINQ À SIX ÉLÈVES.

Matériel Des fruits emballés dans du papier de soie noir et placés dans un panier. Des objets intrus emballés dans du papier de soie noir: balle de tennis, cube, ballon, livre, assiette...

▸ L'enseignant propose un jeu de reconnaissance des fruits exposés. Les élèves manipulent les fruits et les objets emballés pour essayer de les reconnaitre. Le but du jeu est d'identifier les fruits parmi tous les objets emballés.

▸ Chaque élève tire au sort un fruit dans le panier, le manipule pour l'identifier et le nommer. Les autres donnent leur avis, formulent une autre proposition. Ils justifient leur proposition par rapport à la forme et à la taille. Puis le fruit est déballé pour vérification.

étape 1 (MS)

Le loto des fruits et légumes

▸ **OSER ENTRER EN COMMUNICATION**
Échanger dans le cadre d'un jeu de communication.
Formuler une demande en respectant les règles de prise de parole.
Nommer les aliments les plus courants.

GROUPE DE SIX ÉLÈVES.

Matériel Les planches d'un jeu de loto sur le thème de l'alimentation.

- L'enseignant joue le rôle du marchand. Chaque élève lui passe une commande pour obtenir une carte représentée sur sa planche de loto. Chacun utilise les formules de politesse pour saluer le marchand.
- Les élèves prennent progressivement la place du marchand.

étape 2 (MS)

Le jeu de la marchande

▸ **COMPRENDRE ET APPRENDRE**
Engager un dialogue.
Exprimer des demandes successives.
Caractériser et nommer les aliments.

ORGANISATION EN GROUPES MULTI-ÂGES DANS LE CADRE D'UN DÉCLOISONNEMENT MIS EN PLACE DANS L'ÉCOLE.

Matériel Les fruits et les légumes en plastiques du coin cuisine. Des emballages alimentaires : boites de pâtes, de riz, de gâteaux. Un petit panier et un portemonnaie par élève.

- L'enseignant crée un espace pour installer un coin marchande. Il annonce cette nouveauté et met en place un scénario introduisant un vendeur et un client. Il joue le rôle du vendeur et emploie le vouvoiement pour que cette situation soit réaliste. Il prévoit un portemonnaie avec de l'argent pour chaque élève. Si besoin, il joue une saynète devant la classe avec un autre adulte ou un élève plus grand ou en utilisant deux marionnettes pour donner des références.
- Les élèves doivent lui demander les aliments qu'ils souhaitent acheter. Les aliments sont visibles mais ne sont plus directement accessibles. Les élèves prennent progressivement le rôle du vendeur et l'enseignant celui du client.

Variante

Le jeu peut se mettre en place avec des images. Les élèves préparent à leur place les images des aliments qu'ils veulent acheter, les laissent sur la table puis se rendent au coin marchande pour demander ces aliments au vendeur qui lui aussi dispose du même jeu d'images.

LA TOILETTE DES POUPÉES

Scènes du quotidien

Situation motivante

Afin de renouveler l'intérêt pour les jeux avec les poupées, les élèves sont confrontés à une nouvelle situation qui pose problème : les poupées de la classe sont sales. Il va falloir les laver. Faire la toilette des poupées, en parler, expliquer à d'autres comment on fait sont autant de centres d'intérêt pour les petits.

Objectifs langagiers

La toilette des poupées va engager les élèves à évoquer leurs expériences dans le domaine de l'hygiène. La première séance va permettre à l'enseignant d'évaluer leurs connaissances. Dans la mesure où les jeunes enfants mémorisent essentiellement à partir de scènes vécues, ils vont pouvoir ensuite évoquer les moments de vie à l'école liés à ce projet. Des discussions collectives sont nécessaires pour se mettre d'accord sur le matériel à prévoir et sur les étapes de réalisation. Un travail autour de la compréhension de récits proches de leur vécu va enrichir leur vocabulaire et élargir la palette des scénarios possibles sur le thème de la toilette.

Place dans la programmation

Cette séquence permet aux élèves de réinvestir et de transférer les compétences langagières développées dans les séquences précédentes où ils ont été amenés à expliquer, à raconter et à proposer des solutions à un problème. Ils réactivent le vocabulaire lié au corps (séquence *Hop me voilà*), à l'habillage (séquences *Jouons avec les poupées* et *Loup y es-tu ?*) et aux actions du lavage (séquence *À table*).

Mobiliser le langage dans toutes ses dimensions

	L'ORAL
✗	Oser entrer en communication
✗	Comprendre et apprendre
✗	Échanger et réfléchir avec les autres
✗	Commencer à réfléchir sur la langue et acquérir une conscience phonologique

	L'ÉCRIT
✗	Écouter de l'écrit et comprendre
✗	Découvrir la fonction de l'écrit
✗	Commencer à produire des écrits et en découvrir le fonctionnement
	Découvrir le principe alphabétique
	Commencer à écrire tout seul

SÉANCE 1
Langage oral

PARTICIPER VERBALEMENT AU PROJET *FAIRE LA TOILETTE DES POUPÉES*

- **Commencer à réfléchir sur la langue et acquérir une conscience phonologique**
  S'intéresser aux mots nouveaux qu'on rencontre pour les comprendre et les utiliser.
- **Échanger et réfléchir avec les autres**
  Proposer des solutions pour résoudre un problème : comment va-t-on s'y prendre pour laver les poupées ?
- **Découvrir la fonction de l'écrit**
  Utiliser l'écrit pour garder trace.

SÉANCE 2
Langage oral

FAIRE LA TOILETTE DES POUPÉES

- **Oser entrer en communication**
  Utiliser le langage pour jouer ensemble.
  Prendre la parole dans le cadre d'un groupe.

SÉANCE 3
Langage oral
Langage écrit

RACONTER L'HISTOIRE *L'ÂNE TROTRO FAIT SA TOILETTE*

- **Comprendre et apprendre**
  Reformuler quelques éléments de l'histoire en s'appuyant sur la succession des images.
- **Écouter de l'écrit et comprendre**
  Comprendre une histoire proche de son vécu racontée puis lue par l'enseignant.

SÉANCE 4
Langage oral

ÉCHANGER À PARTIR DU DESSIN ANIMÉ *LE BAIN DE TROTRO*

- **Comprendre et apprendre**
  Prendre la parole pour faire agir en s'appuyant sur l'expérience vécue.
- **Comprendre et apprendre**
  Être attentif lors de l'écoute d'une histoire longue sans support et la comprendre.
  Comprendre un dessin animé et en restituer les étapes essentielles.

En MS, production de textes écrits avec dictée à l'adulte

- **Commencer à produire des écrits.**

Savoir que l'on n'écrit pas comme on parle.
Suite à la séance 2, les élèves découvrent les photos prises au cours de l'activité. Ils sont invités à les regarder au moment de l'accueil : la découverte génère des commentaires, des remémorations et des questions. Les élèves engagent une conversation à laquelle participe l'enseignant. Un travail est amorcé pour raconter la toilette des poupées aux autres classes à partir des photos. Chaque photo doit recevoir une légende. Le texte doit être court et dire le plus important.
Le travail est conduit avec de petits groupes d'élèves qui traitent chacun une à deux photos en dictée à l'adulte.

Réactivation - Transferts

Les élèves auront l'occasion de réactiver les scénarios découverts lors des *jeux de faire semblant* au coin poupées.
Des transferts pourront s'opérer dans des situations où ils devront repérer la logique et la chronologie de certaines actions qui s'enchainent dans le temps.

PARTICIPER VERBALEMENT AU PROJET
FAIRE LA TOILETTE DES POUPÉES

FONCTIONS DU LANGAGE MOBILISÉES

Instrumentale
Pour satisfaire ses besoins et obtenir ce que l'on veut d'autrui.

Informative
Pour échanger des informations avec autrui.

SCÈNE DE LANGAGE

En collectif, les élèves parlent ensemble pour résoudre le problème posé : les poupées sont sales. Ils évoquent leurs expériences personnelles et expliquent ce qu'il va falloir faire. En petits groupes, ils s'aident des imagiers pour établir la liste du matériel nécessaire. L'enseignant écrit la liste des objets proposés par les élèves. Des échanges ont lieu sur la fonction de certains objets.

OBJECTIFS LANGAGIERS

Proposer des solutions pour résoudre un problème : « comment faire pour laver les poupées ? »

S'intéresser aux mots nouveaux rencontrés pour les comprendre et les utiliser.

Utiliser l'écrit pour garder la trace.

CONDUITES LANGAGIÈRES

Expliquer, raconter, comparer, justifier.

LEXIQUE ET SYNTAXE MOBILISÉS

Langage en réception

Acquérir et réinvestir un vocabulaire pertinent concernant les actes du quotidien : la toilette.
Noms : les produits de toilette (savonnette, shampoing, dentifrice...), les ustensiles (gant de toilette, serviette, brosse à cheveux, brosse à dents...), le mobilier (douche, lavabo, baignoire, robinet, miroir...).
Verbes et expressions verbales : faire sa toilette, prendre un bain, se baigner, doucher, se doucher, savonner, sécher, se sécher.

Langage en production

Expliquer à quoi servent les objets utilisés pour faire la toilette : « Le shampoing, c'est pour laver les cheveux. », « Pour laver les cheveux, je prends du shampoing. »

SÉANCE DÉCOUPÉE EN 3 PHASES RÉPARTIES SUR UNE JOURNÉE
PHASES 1 ET 3 EN COLLECTIF
Chacune de 10 à 15 minutes

PHASE 2 PETIT GROUPE DE LANGAGE
de 10 à 15 minutes

MATÉRIEL ET SUPPORTS

★ Cinq à six poupées salies : peinture dans les cheveux, traces de chocolat sur les joues, terre sur les mains.
★ Des imagiers où sont représentés les objets de la toilette.

Phase 1 RÉFLÉCHIR ENSEMBLE AU PROBLÈME POSÉ

RÔLE DE L'ENSEIGNANT

- Regrouper les poupées salies pour provoquer des réactions verbales des élèves.
- Soulever les questions : comment faire pour laver les poupées ? De quoi avons-nous besoin ? Où trouver le matériel ?

TÂCHE DES ÉLÈVES

- Observer les poupées, faire des hypothèses sur les raisons de leurs salissures. Faire des propositions pour résoudre le problème. Évoquer leur expérience personnelle et lister les objets nécessaires à la toilette.

Chercher dans les imagiers permet aux élèves d'utiliser quelques termes génériques : les fruits, les habits...

Phase 2 CHERCHER DANS DES IMAGIERS

RÔLE DE L'ENSEIGNANT

- Demander aux élèves de choisir un imagier et de chercher des images où sont représentés les objets nécessaires pour laver les poupées.
- Choisir un objet dans un imagier et demander d'en trouver du même type dans les autres imagiers : un gant de toilette, une serviette, un savon...

TÂCHE DES ÉLÈVES

- Nommer les objets qu'ils ont trouvé dans leur imagier. Expliquer à quoi ils servent.
- Comparer et décrire les images trouvées. Différencier un lavabo, une douche et une baignoire.

Ils identifient les objets, les nomment et expliquent leur fonction.

Phase 3 ÉCRIRE LA LISTE DU MATÉRIEL

RÔLE DE L'ENSEIGNANT

- Lors de la mise en commun, lister le matériel à prévoir. Écrire devant les élèves en expliquant qu'il veut se souvenir du matériel à prévoir afin de le préparer pour la prochaine séance. Si besoin, compléter la liste avec les objets qui manquent.

TÂCHE DES ÉLÈVES

- Aider l'enseignant à lister le matériel à prévoir.

DIFFÉRENCIATION

- La phase 2 peut être proposée après la séance consacrée à la toilette des poupées pour les enfants qui ont peu de mots pour évoquer leur vécu.

Exemple de page trouvée par les élèves.

Le grand imagier
Mes premières découvertes
© Gallimard jeunesse 2003

CRITÈRES DE RÉUSSITE

- **Nomme des objets de la toilette. Sait dire à quoi servent les objets de la toilette.**
- **Propose des solutions (même si elles ont déjà été proposées par un camarade) pour résoudre le problème.**

FAIRE LA TOILETTE DES POUPÉES

FONCTION DU LANGAGE MOBILISÉE

Informative
Pour échanger des informations avec autrui.

SCÈNE DE LANGAGE

En petit groupe, les élèves échangent pour savoir comment faire la toilette de leur poupée. À chaque étape, l'enseignant leur demande d'anticiper, d'expliquer aux autres comment faire puis de verbaliser leurs actions.

OBJECTIFS LANGAGIERS

Utiliser le langage dans des jeux à plusieurs.

Prendre la parole dans le cadre d'un groupe.

CONDUITES LANGAGIÈRES

Prendre la parole, nommer, désigner, dire ce que l'on fait, expliquer.

LEXIQUE ET SYNTAXE MOBILISÉS

Langage en réception

Désigner des objets et des actions simples.
Noms: les produits de toilette (savonnette, shampoing), les ustensiles (gant de toilette, serviette, peigne), les parties du corps (joue, oreille, ventre, dos, jambes, genoux...).
Verbes: savonner, frotter, faire mousser, mouiller, rincer, sécher, peigner, brosser, démêler, faire sa toilette, se baigner, se doucher...
Adjectifs: chaud/froid/tiède, sale/propre, sentir bon/mauvais.

Langage en production

En situation, dire ce que je fais, expliquer aux autres élèves du groupe ce qu'il faut faire. Utiliser des phrases de plus en plus longues comportant plusieurs compléments du type *Je lave sa tête avec du shampoing.*

PETIT GROUPE DE LANGAGE DE 6 ÉLÈVES AUTOUR D'UN ILOT DE TABLES

20 à 30 minutes

MATÉRIEL ET SUPPORTS

- ★ Cinq à six poupées salies: peinture dans les cheveux, traces de chocolat sur les joues, terre sur les mains.
- ★ Le matériel nécessaire à la réalisation de la toilette des poupées. Pour chaque élève: une bassine, du shampoing, une savonnette, un gant de toilette, une serviette de toilette, un peigne.
- ★ Des pyjamas ou des grenouillères pour rhabiller les poupées.

RÔLE DE L'ENSEIGNANT

- Se remémorer à quoi devait servir la liste rédigée lors de la séance précédente et l'utiliser pour vérifier que tout le matériel est présent.
- Présenter l'un après l'autre les objets de la toilette, les nommer. Donner une poupée à chaque élève et expliquer qu'ils vont laver les poupées tous ensemble. Apporter les mots nécessaires, reformuler pour enrichir les structures syntaxiques, faire répéter certains mots, questionner, jouer avec eux.

DIFFÉRENCIATION

- Reprendre cette situation avec les élèves les plus fragiles dans le coin poupées avec le même matériel en jouant à faire semblant et accompagner leurs actions par la parole.

TÂCHE DES ÉLÈVES

- Dire ce qu'il faut faire pour la toilette des poupées. Chaque action est réalisée simultanément par tous. Ce déroulement facilite les prises de parole pour désigner les actions.
- Répéter les mots, toucher les objets, sentir les parfums, dire ce qu'ils ressentent. Par exemple : l'eau est tiède, le savon sent bon, le gant de toilette est doux.

RÉACTIVATION

- Lors du bilan avec l'ensemble de la classe, les groupes comparent leurs expériences respectives.
- Avec les petits, l'enseignant prend en charge l'évocation et raconte certaines anecdotes.
- La séance se termine par un moment de récapitulation : énumération chronologique des étapes de la toilette de la poupée.
- Réinvestir les compétences développées lors de jeux de faire semblant au coin poupées.

CRITÈRES DE RÉUSSITE

- **Ose parler dans le groupe.**
- **Explique, donne des consignes, dit à ses camarades ce qu'il faut faire.**

RACONTER L'HISTOIRE *L'ÂNE TROTRO FAIT SA TOILETTE*

FONCTIONS DU LANGAGE MOBILISÉES

Interpersonnelle
Pour entrer en relation avec autrui.

Imaginative
Pour créer son propre environnement, inventer son monde.

SCÈNE DE LANGAGE

Un petit groupe d'élèves découvre les illustrations de l'album *Trotro fait sa toilette*. Ils formulent des hypothèses sur le déroulement de l'histoire, nomment les objets reconnus et décrivent les actions de Trotro.
Dans le cadre d'un jeu, un élève reformule certains passages de l'histoire en s'aidant des images pour que ses camarades puissent les mimer.

OBJECTIFS LANGAGIERS

Comprendre une histoire proche de son vécu racontée puis lue par l'enseignant.

Reformuler quelques éléments de l'histoire en s'appuyant sur la succession des images.

CONDUITES LANGAGIÈRES

Décrire, formuler des hypothèses, raconter.

LEXIQUE ET SYNTAXE MOBILISÉS

Langage en réception

Comprendre pourquoi Trotro se précipite pour faire sa toilette alors qu'il devrait prendre son petit-déjeuner. Essayer d'expliquer les raisons de ce choix en utilisant *parce que*.

Langage en production

Utiliser les pronoms *il* et *je* à bon escient.
Utiliser les marqueurs de temps *d'abord*, *ensuite*, *puis*.
Utiliser le style direct. Sa maman lui dit: « Voyons Trotro! Va vite faire ta toilette... », Trotro dit: « Hum! J'adore le dentifrice à la framboise... »

PETIT GROUPE DE LANGAGE POUR LES PHASES 1 ET 3

GRAND GROUPE OU DEMI-CLASSE POUR LA PHASE 2

4 phases de 20 minutes réparties sur la semaine

MATÉRIEL ET SUPPORTS

★ La peluche ou la marionnette de Trotro.
★ Le matériel nécessaire à la réalisation de la toilette de Trotro: une bassine, une savonnette, un gant de toilette, une serviette de toilette, un peigne, une brosse à dents, du dentifrice.
★ L'album *L'âne Trotro fait sa toilette*.
★ Le diaporama **(page 163 et** ☁**)**.

L'âne Trotro aime bien faire sa toilette mais ce qu'il aime par dessus tout, c'est se brosser les dents avec son dentifrice à la framboise. Après le petit-déjeuner, il est tout barbouillé de confiture et sa maman lui demande de refaire sa toilette. Cela tombe bien, il adore le dentifrice à la framboise.

Trotro fait sa toilette
Bénédicte Guettier

Phase 1 COMPRENDRE LES ILLUSTRATIONS

RÔLE DE L'ENSEIGNANT

- Présenter sans commentaires l'ensemble des illustrations de l'album *L'âne Trotro fait sa toilette* à l'aide du diaporama **(page 163 et** ☁**)**. Recueillir les réactions des élèves. Soutenir les essais de productions de chacun. Si nécessaire, présenter une nouvelle fois le diaporama.

TÂCHE DES ÉLÈVES

- Dire ce qu'ils ont compris. Formuler quelques hypothèses sur le déroulement du récit.

Phase 2 COMPRENDRE LE TEXTE LU PAR L'ENSEIGNANT

RÔLE DE L'ENSEIGNANT

- Lire le texte de l'album sans montrer les images puis proposer une nouvelle lecture en montrant les images en fin de séance.

TÂCHE DES ÉLÈVES

- Écouter et comprendre le récit présenté.
- Échanger à propos de la compréhension de l'histoire à partir de questions ouvertes : Pourquoi Trotro devrait-il faire sa toilette après le petit-déjeuner ? À votre avis, comment se fait-il que Trotro soit si pressé de faire sa toilette ?

Phase 3 REFORMULER CERTAINS PASSAGES DE L'HISTOIRE

RÔLE DE L'ENSEIGNANT

- Lire le texte de chaque page sans montrer l'image correspondante. Pour chaque scène, demander aux élèves de chercher comment mimer les actions de Trotro.
- Mettre en place un jeu de mime. Un élève choisit, sans la montrer, une illustration de l'album. Il raconte avec ses propres mots ce qui se passe dans cette scène puis demande à ses camarades de mimer ce que fait Trotro.
- Vérifier en montrant l'image.

TÂCHE DES ÉLÈVES

- Écouter et mimer les actions de Trotro.
- Reformuler certains passages dans le cadre du jeu proposé par l'enseignant.

DIFFÉRENCIATION

- Des moments de lecture de l'album sont proposés aux élèves qui en ont besoin à différents moments de la semaine.

DIAPORAMAS POUR APPRENDRE À PARLER

DIAPORAMA **Séance 3**

L'âne Trotro fait sa toilette

Trotro fait sa toilette
Bénédicte Guettier

CRITÈRES DE RÉUSSITE

- **Reformule avec ses propres mots une scène de l'histoire en s'aidant des images.**

ÉCHANGER À PARTIR DU DESSIN ANIMÉ LE BAIN DE TROTRO

FONCTIONS DU LANGAGE MOBILISÉES

Informative
Pour échanger des informations avec autrui.

Imaginative
Pour créer son propre environnement, inventer son monde.

SCÈNE DE LANGAGE

Les élèves écoutent le texte du dessin animé *Le bain de Trotro* (uniquement le son) puis échangent pour savoir ce qu'ils en ont retenu. Ils comparent ensuite leurs hypothèses en regardant cette fois le dessin animé avec les images. Ils disent ce qu'ils ont ressenti et reformulent les passages les plus drôles.

OBJECTIFS LANGAGIERS

Être attentif lors de l'écoute d'une histoire longue sans support et la comprendre.

Comprendre un dessin animé et en restituer les étapes essentielles.

CONDUITES LANGAGIÈRES

Raconter, commenter, interpréter, donner son avis.

LEXIQUE ET SYNTAXE MOBILISÉS

Langage en production

Noms : lavabo, baignoire, salle de bains.
Adjectifs : sale, propre.
Expressions : prendre un bain, faire couler un bain, le bain est prêt, jouer dans son bain.
Passage d'une énonciation de discours (je/tu, on, nous, maintenant, je prends mon bain) à une énonciation de récit (il, elle, alors, ensuite, à la fin, il prend son bain).
Exprimer son ressenti : « J'ai aimé quand Trotro… », « Ce qui m'a fait rire… », « J'ai ri quand Trotro… ».

CLASSE ENTIÈRE

Séance découpée en 2 phases de 20 minutes

MATÉRIEL ET SUPPORTS

★ Le dessin animé *Le bain de Trotro.*
★ Un ordinateur ou un vidéoprojecteur.
★ Des images : Trotro, son doudou, la maman de Trotro, un lavabo, une baignoire, des jeux de bain.

Le bain de Trotro
Bénédicte Guettier
© Gallimard jeunesse 2004

L'album correspond à la deuxième partie du dessin animé.

FINALEMENT, IL LES MET TOUS...

Dans la première partie du dessin animé, Trotro constate que son doudou est sale. Trotro lui fait prendre un bain dans le lavabo pour qu'il redevienne tout propre. Dans la deuxième partie, Trotro veut prendre un bain. Il demande à sa maman de lui faire couler un bain mais elle est occupée. En attendant qu'elle arrive, Trotro cherche ses jeux de bain. Il trouve un jouet, puis deux, puis trois pour finalement prendre un bain de jouets car il n'y a plus de place pour l'eau.

Phase 1 ÉCOUTER LE TEXTE DU DESSIN ANIMÉ

Au cours de l'année, les élèves ont visionné plusieurs dessins animés de Trotro en collectif avec le vidéoprojecteur ou sur l'ordinateur de la classe avec un casque.

RÔLE DE L'ENSEIGNANT

- Faire écouter uniquement le son du dessin animé. Demander aux élèves de quoi ils se souviennent après cette écoute.
- Présenter certains éléments du récit un à un : des images de Trotro, son doudou, la maman de Trotro, un lavabo, une baignoire, des jeux de bain et demander de les identifier.

TÂCHE DES ÉLÈVES

- Prendre la parole pour commenter et interpréter les informations données par le son. Dire ce qu'ils ont retenu et échanger autour de certains problèmes de compréhension liés à l'absence d'images.
- Identifier les éléments du récit : les images présentées par l'enseignant.

Phase 2 VISIONNER LE DESSIN ANIMÉ

RÔLE DE L'ENSEIGNANT

- Faire visionner le dessin animé. Utiliser un questionnement ouvert du type « De quoi vous souvenez-vous ? », « Est-ce que vous vous rappelez d'autres choses ? », « Qu'est-ce qui vous a fait rire ? »
  Accepter que les enfants répètent ce qui a déjà été dit. Relancer la discussion par des expressions du type « Et encore ? », « Et alors ? », « Ah bon ? »

TÂCHE DES ÉLÈVES

- Dire ce qu'ils ressentent. Reformuler les passages les plus drôles.

DIFFÉRENCIATION

- Les élèves qui en ont besoin pourront revoir le dessin animé sur l'ordinateur de la classe en s'équipant d'un casque. Une prise multi-casques permet une écoute à plusieurs.

RÉACTIVATION

- Les élèves commentent, reformulent ou racontent l'histoire en feuilletant l'album *Le bain de Trotro* qui a été lu avant.

CRITÈRES DE RÉUSSITE

- **Produit une phrase (même très courte) pour évoquer certains éléments de l'histoire.**
- **Raconte un passage de l'histoire en utilisant correctement les pronoms.**

La toilette

Ma toilette

Je vais faire ma toilette:
Voici ma savonnette,
Mon gant de toilette,
Et ma serviette.

Il y a de l'eau
Dans mon lavabo.

Plic, ploc!
Plic, ploc!

Quelle est cette chansonnette?

Oh! c'est une gouttelette,
Une gouttelette d'eau
Qui tombe du lavabo!

© Gisèle Besche

étape 1

Mémoriser et dire la comptine

▶ **COMPRENDRE ET APPRENDRE**
Être attentif lors de l'écoute d'une comptine.

PETIT GROUPE PUIS DEMI-CLASSE OU CLASSE ENTIÈRE • 10 MINUTES À RÉPÉTER SUR PLUSIEURS JOURS

Matériel Le texte de la comptine. Les objets cités dans la comptine *Ma toilette* pour la mise en scène devant un lavabo.

1 Écoute de la comptine *Ma toilette* en fermant les yeux. Les élèves disent ce qu'ils ont entendu, ce qu'ils ont compris en ayant la possibilité de répéter ce qui a déjà été dit.
2 Mise en scène de la comptine par l'enseignant devant le lavabo de la classe.

étape 2

Prononcer et articuler distinctement

▶ **JOUER AVEC SA VOIX ET ACQUÉRIR UN RÉPERTOIRE DE COMPTINES**
Jouer sur sa voix pour explorer les variantes de timbre, d'intensité, de hauteur et de nuance.

PETIT GROUPE PUIS DEMI-CLASSE OU CLASSE ENTIÈRE • 10 MINUTES À RÉPÉTER SUR PLUSIEURS JOURS

Matériel Le texte de la comptine.

1 Les élèves chantonnent *Plic, ploc! Plic, ploc!* en jouant avec leur voix: fort, faible, de plus en plus fort, vite, lentement, avec une grosse voix, en frappant des mains puis des pieds et enfin en synchronisant mains et pieds.
2 Les élèves jouent à répéter certaines parties de la comptine en imitant l'enseignant: «quelle est cette chansonnette?» (voix montante) avec un ton mi-surpris, mi-amusé et réponse sur le même ton.

étape 3

Transformer des mots

▶ **EN MS, COMMENCER À RÉFLÉCHIR SUR LA LANGUE**
Écouter et repérer des régularités de la langue française.

PETIT GROUPE PUIS DEMI-CLASSE OU CLASSE ENTIÈRE • 10 MINUTES À RÉPÉTER SUR PLUSIEURS JOURS

Matériel Les objets cités dans la comptine.

1 Les élèves jouent la comptine en utilisant les objets afin de pouvoir les présenter lors de l'énumération au début de la comptine.
2 Transformation de mots avec le diminutif «ette»: savon-savonnette, goutte-gouttelette, chanson-chansonnette, maison-maisonnette, camion-camionnette, fille-fillette, voiture-voiturette.

Devant, derrière, partout

Je lave mon front,

Mon nez,

Mes joues,

Mon menton,

Et de chaque côté :

Mes oreilles,

Sans oublier mon cou,

Devant

Derrière,

Partout.

Le miroir

Je me regarde dans une glace.

Est-ce moi ?
C'est bien moi.

C'est mon bout de nez malin,
Et mon petit front coquin.
Je cligne d'un œil taquin.

Maintenant je me vois rire,
Ma bouche est en tirelire.

Je fais semblant de pleurer,
Et je me vois grimacer.
Mais si je souffle trois fois,
Plus personne ne me voit !

L'éléphant se douche

L'éléphant se douche, douche, douche.
Sa trompe est un arrosoir.

L'éléphant se mouche, mouche, mouche.
Il lui faut un grand mouchoir.

L'éléphant dans sa bouche, bouche, bouche.
À deux défenses en ivoire.

L'éléphant se couche, couche, couche.
À huit heures tous les soirs.

Avec les marionnettes

Jouer avec les marionnettes

▸ **OSER ENTRER EN COMMUNICATION**
Engager un dialogue en prêtant sa voix à une marionnette.

PETITS GROUPES DE LANGAGE • SÉANCES DE 10 MINUTES À RÉPÉTER SUR PLUSIEURS PÉRIODES DE L'ANNÉE

Matériel Un bac ou une boite rassemblant les peluches et les marionnettes de la classe.
Des images où sont représentés des aliments.

Avant ces séances, les élèves ont rencontré de nombreuses situations pendant lesquelles l'enseignant avait prêté sa voix à une marionnette.

RÔLE DE L'ENSEIGNANT

- Mettre à disposition des élèves un grand nombre de marionnettes. Pendant qu'ils jouent librement, manipuler la mascotte de la classe et entrer en communication avec chacun : saluer la marionnette de chaque élève, lui demander son nom, la questionner sur ce qu'elle aime faire, sur ce qu'elle aime manger. S'appuyer sur ses réponses pour prolonger la conversation. Si nécessaire, jouer des scènes où deux marionnettes se rencontrent et se questionnent sur leurs préférences : jeux, activités, aliments.
- Faire part des sentiments de la marionnette : s'étonner, dire sa joie ou sa tristesse, sa fatigue ou son enthousiasme.

Relances possibles

- Apporter des images ou un nouvel objet : des imitations de téléphones portables, des paniers pour aller faire les courses.
- Raconter qu'elle a fait une bêtise en disant « Je n'ai pas fait exprès… » et lancer une discussion sur les bêtises des élèves.

TÂCHE DES ÉLÈVES

- Choisir une marionnette et la manipuler.
- Saluer son interlocuteur, se présenter.
- Engager un dialogue avec l'enseignant et avec des camarades en prêtant sa voix à la marionnette.
- Engager la discussion sur des thèmes proches du vécu : les camarades, la famille, la récréation.
- Imiter l'adulte en jouant avec la marionnette.
- Reproduire des scénarios connus : téléphoner à sa mamie…

Nous, ce qu'on préfère

▶ **COMPRENDRE ET APPRENDRE**

Comprendre une histoire racontée puis lue par l'enseignant.
Identifier les personnages de l'histoire.
Jouer sur sa voix pour imiter les différents personnages.
Jouer une histoire en prêtant sa voix à une marionnette.

> PETITS GROUPES DE LANGAGE DE 5 ÉLÈVES • SÉANCES DE 10 MINUTES À RÉPÉTER
>
> **Matériel** Des bols en plastique, des marionnettes pour jouer le rôle de chaque personnage de l'histoire : le loup, le lapin, la souris, les grenouilles et le moineau. L'album *Nous, ce qu'on préfère.*

RÔLE DE L'ENSEIGNANT

- ▶ Raconter puis lire l'album *Nous, ce qu'on préfère* et travailler la compréhension. Identifier les personnages. Proposer les jeux vocaux pour connaitre la façon dont chaque personnage s'exprime : voix, débit, expressions, compréhension de la fin de l'histoire.

DIFFÉRENCIATION

- ▶ En PS, l'enseignant joue le rôle du loup.
- ▶ Si nécessaire, jouer l'histoire en endossant les différents rôles pour que les élèves puissent imiter ensuite.

TÂCHE DES ÉLÈVES

- ▶ Identifier les personnages de l'histoire. Chercher des marionnettes dans le bac à marionnettes pour chaque rôle. Si un personnage manque, fabriquer des marottes simples : image cartonnée de l'animal fixée sur une baguette.
- ▶ Mimer l'histoire pendant que l'enseignant lit le texte.
- ▶ Jouer les scènes de l'album avec les marionnettes de la classe et des petits bols en plastique. L'enseignant joue le rôle du loup.
- ▶ Prêter sa voix à une marionnette en restituant le dialogue et en jouant sur sa voix.

Nous, ce qu'on préfère
Malika Doray
© L'école des loisirs 2012

Le lapin : *Moi, ce que je préfère c'est la soupe de carottes.*

La souris : *Moi, c'est celle au gruyère.*

Les deux grenouilles : *Nous, c'est celle aux mouches.*

Le moineau : *Et moi, c'est celle aux vers de terre !*

Les animaux tous ensemble :
Et toi, Loup, laquelle tu préfères ?

Le loup :
Moi, j'aime la soupe...
... aux souris rôties, aux grenouilles bouillies !
Aux lapins saisis ! Et aux moineaux cuits !

Le loup :
Mais la soupe au riz c'est très bien aussi.

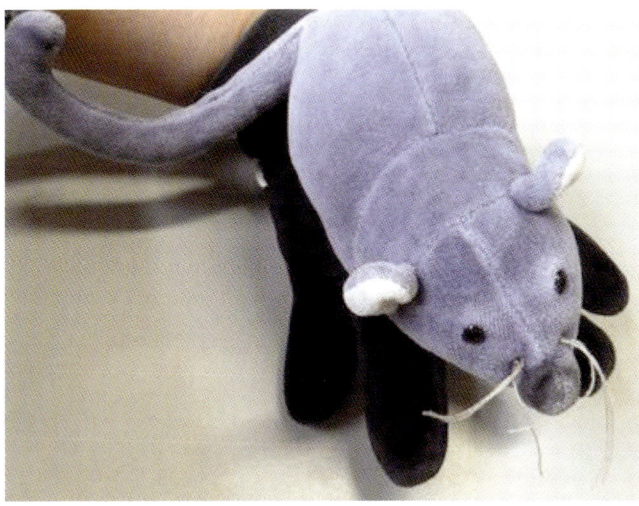

HOP ! ME VOILÀ !

Scènes à jouer

Situation motivante

Les jeunes élèves prennent plaisir à jouer à se cacher puis à sortir progressivement de leur cachette.

Objectifs langagiers

La situation de jeu permet d'apprendre à mieux se connaitre en nommant les différentes parties de son corps et de s'identifier en tant que personne singulière en se présentant aux autres. Pour jouer et interagir, la présence d'un émetteur et de récepteurs est indispensable.

Place dans la programmation

Cette comptine offre la possibilité de différencier les attendus : tous les élèves pourront jouer la scène mais l'enseignant peut transformer le texte pour mieux répondre aux besoins de chacun.
La séquence est proposée lorsque les élèves auront pris conscience, à travers les activités physiques, que leur corps est constitué de différentes parties. En PS, elle peut débuter en période 4. En MS, en période 1. Cette scène sera reprise à d'autres moments de l'année pour favoriser la mémorisation et pour gouter le plaisir de jouer avec des mots nouveaux.

Mobiliser le langage dans toutes ses dimensions

L'ORAL	
✗	Oser entrer en communication
✗	Comprendre et apprendre
	Échanger et réfléchir avec les autres
✗	Commencer à réfléchir sur la langue et acquérir une conscience phonologique

L'ÉCRIT	
	Écouter de l'écrit et comprendre
	Découvrir la fonction de l'écrit
✗	Commencer à produire des écrits et en découvrir le fonctionnement
	Découvrir le principe alphabétique
	Commencer à écrire tout seul

SÉANCE 1
Langage oral

S'APPROPRIER LE TEXTE DE LA COMPTINE *HOP! ME VOILÀ!*

▸ **Comprendre et apprendre**

Écouter et comprendre le texte d'une comptine.

SÉANCE 2
Langage oral

METTRE EN SCÈNE LA COMPTINE

▸ **Oser entrer en communication**

Utiliser le langage pour jouer ensemble.

▸ **Commencer à réfléchir sur la langue et acquérir une conscience phonologique**

S'intéresser aux mots nouveaux qu'on rencontre pour les comprendre et les utiliser.

SÉANCE 3
Langage oral

MÉMORISER ET JOUER LA COMPTINE

▸ **Oser entrer en communication**

Dire une comptine devant un petit groupe.

EN MS, production de textes écrits avec dictée à l'adulte

▸ **Commencer à produire des écrits**

Participer verbalement à la production d'un écrit en commençant à dicter.

En parallèle à cette séquence, les élèves ont joué avec des cartons en salle de jeu. Ils ont cherché différentes manières de jouer avec les cartons. Ils ont ensuite dicté un texte à l'adulte pour présenter leurs trouvailles aux autres classes de l'école. Ces textes sont affichés dans la salle de jeu et illustrés par des dessins d'élèves et par des photos.

Réactivation - Transferts

L'enseignant engage ses élèves dans la découverte de plusieurs livres-jeux où un personnage se cache. Ils entrent ainsi dans de véritables situations de communication qui leur permettent de développer l'écoute et la compréhension de la parole d'autrui, l'expression personnelle, le réinvestissement de savoirs en construction : lexique, syntaxe, expressivité.

Où est Spot, mon petit chien ?
Éric Hill
© Nathan jeunesse 1989

Monsieur Croc, où es-tu ?
Jo Lodge
© Milan jeunesse 2008

Mais il est où ?
Ramadier et Bourgeau
© L'école des loisirs 2011

S'APPROPRIER LE TEXTE DE LA COMPTINE *HOP! ME VOILÀ!*

FONCTIONS DU LANGAGE MOBILISÉES

Ludique
Pour jouer avec la langue.

Personnelle
Pour exprimer des sentiments personnels, ses gouts.

SCÈNE DE LANGAGE

Tous les élèves de la classe sont réunis autour d'un grand carton. L'enseignant manipule et prête sa voix à la marionnette en récitant la comptine *Hop! Me voilà!* Les élèves observent puis s'expriment à propos de cette scène.

OBJECTIF LANGAGIER

Écouter et comprendre le texte d'une comptine.

CONDUITES LANGAGIÈRES

Être attentif, répondre aux sollicitations de l'adulte, reformuler, répéter.

LEXIQUE ET SYNTAXE MOBILISÉS

Langage en réception

Comprendre le texte de la comptine. Établir des relations entre le jeu de la marionnette et le texte entendu.

Langage en production

Dire ce que l'on a compris. Exprimer ses sentiments suite à l'écoute.

EN GROUPE CLASSE

Cette séance dure environ 10 minutes. Elle peut être présentée un matin lors du premier regroupement et reprise à un autre moment de la journée.

MATÉRIEL ET SUPPORTS

- ★ Un grand carton dans lequel un enfant peut se cacher.
- ★ Une grande marionnette.
- ★ La comptine *Hop! Me voilà!*

RÔLE DE L'ENSEIGNANT

- ▸ Mettre en scène le texte de la comptine *Hop! Me voilà!*: manipuler la marionnette, jouer sur sa voix en veillant à une diction lente.
- ▸ Montrer les parties du corps de la marionnette au fur et à mesure de la récitation. Insister sur les présentatifs «Voici...», «C'est...»
- ▸ Après cette scène, encourager les prises de parole spontanées des élèves pour recueillir leurs premières impressions.

TÂCHE DES ÉLÈVES

- ▸ Écouter la comptine et observer le jeu de la marionnette qui se cache dans le grand carton.
- ▸ Répondre à la sollicitation de la marionnette et frapper trois coups.
- ▸ Réagir après l'écoute: repérage de la thématique, reconnaissance et répétition de mots, expression d'émotions.

DIFFÉRENCIATION

- ▸ Adapter le texte en fonction des besoins des élèves: réduire ou augmenter la liste des parties du corps pour simplifier ou complexifier le texte.

Hop ! Me voilà !

Dans ce carton,
Je peux cacher
tout au fond,
mon corps en rond !

Si vous voulez me voir...
Frappez trois coups.

Un, deux, trois !

Coucou...
C'est moi !

Voici ma tête,
Mon cou,
Ma poitrine et mes bras,
Et tout au bout mes mains.
Bonjour !

Mon ventre et mes jambes,
Et tout au bout, mes pieds.

Hop ! Me voilà !
C'est moi...
C'est bien moi !

CRITÈRES DE RÉUSSITE

- **Soutient son attention tout au long de la comptine.**
- **Prend part aux échanges.**

METTRE EN SCÈNE LA COMPTINE

FONCTIONS DU LANGAGE MOBILISÉES

Ludique
Pour jouer avec la langue.

Instrumentale
Pour satisfaire ses besoins.

Interpersonnelle
Pour entrer en relation avec autrui.

SCÈNE DE LANGAGE

En petit groupe, les élèves sont invités à dire la comptine *Hop! Me voilà!* en imitant la marionnette: se cacher dans le carton, puis en sortir en récitant la comptine. Pour jouer avec les autres, les élèves ont besoin de comprendre le sens des mots et d'apprendre à les utiliser à bon escient.

OBJECTIFS LANGAGIERS

Utiliser le langage pour jouer ensemble.

S'intéresser aux mots nouveaux qu'on rencontre pour les comprendre et les utiliser.

CONDUITES LANGAGIÈRES

Nommer, répéter, réciter, dialoguer avec les autres élèves du groupe.

LEXIQUE ET SYNTAXE MOBILISÉS

Langage en réception et en production

Noms: le champ lexical des différentes parties du corps.
Adjectifs possessifs: mon, ma, mes...

Commencer une phrase avec des présentatifs: Voici... C'est...

GROUPE HÉTÉROGÈNE DE 5 À 6 ÉLÈVES

20 minutes

MATÉRIEL ET SUPPORTS

★ Un grand carton.
★ Un appareil photographique.

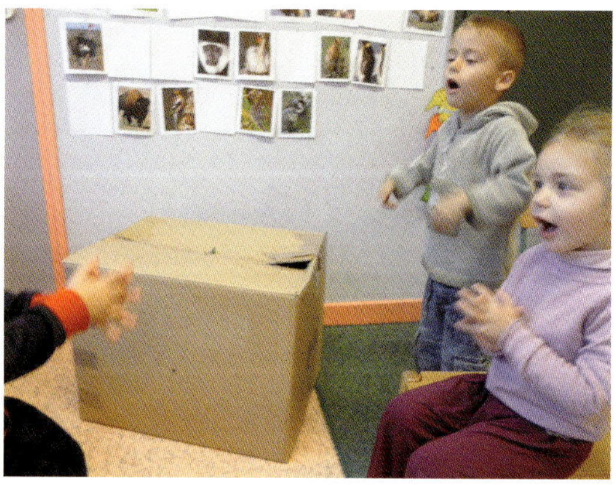

RÔLE DE L'ENSEIGNANT

- Dire la comptine et jouer avec les élèves.
Jouer sur différents paramètres de la situation pour permettre la réussite progressive de chacun: dire le texte pendant que les élèves miment, étayer leur diction et s'effacer au fur et à mesure de la mémorisation, insister sur la mémorisation de certaines parties de la comptine.
- Dégager les critères de réussite avec les élèves.

TÂCHE DES ÉLÈVES

- Nommer et montrer les différentes parties du corps.
- Répéter et mimer les différentes étapes de la comptine. Montrer la partie du corps nommée.
- Mettre son corps en scène et dire la comptine.

DIFFÉRENCIATION

- Encourager et soutenir les prises de parole.

CRITÈRES DE RÉUSSITE

- **Coordonne parole et geste.**
- **Connait tout ou partie du texte.**

MÉMORISER ET JOUER LA COMPTINE

FONCTIONS DU LANGAGE MOBILISÉES

Ludique
Pour jouer avec la langue.

Interpersonnelle
Pour entrer en relation avec autrui.

SCÈNE DE LANGAGE

Mémoriser la comptine *Hop! Me voilà!* pour pouvoir la jouer avec ses camarades et la présenter à ceux qui ne la connaissent pas: élèves d'une autre classe, parents, autres adultes de l'école, marionnette de la classe.
La réussite de chacun permet de renforcer sa confiance en soi. Ils osent prendre la parole devant d'autres personnes.

OBJECTIF LANGAGIER

Dire une comptine devant un petit groupe.

CONDUITES LANGAGIÈRES

Répéter, dire un texte mémorisé de manière compréhensible.

LEXIQUE ET SYNTAXE MOBILISÉS

Langage en production
Noms: champ lexical des parties du corps.
Adjectifs possessifs: mon, ma, mes…

Commencer une phrase avec des présentatifs: Voici… C'est…

GROUPE DE 4 À 6 ÉLÈVES, CONSTITUÉ EN FONCTION DES BESOINS: TEMPS PLUS OU MOINS LONG POUR MÉMORISER, AIDE À LA PRONONCIATION, COORDINATION ENTRE LES PAROLES ET LES ACTIONS

15 minutes

MATÉRIEL ET SUPPORTS
★ Un grand carton.

RÔLE DE L'ENSEIGNANT
- Proposer des temps de jeu à deux ou à plusieurs, seul ou avec l'enseignant.
- Repérer les besoins de chaque élève et apporter son aide pour la réussite de chacun.
- Organiser la présentation de la comptine à ceux qui ne la connaissent pas: inviter quelques élèves d'une autre classe en fin de séance, juste avant la récréation ou après la sieste des PS.

TÂCHE DES ÉLÈVES
- En MS, gérer le jeu en autonomie si c'est possible.
- Prendre conscience des progrès réalisés.
- Prendre la parole devant un petit groupe.

DIFFÉRENCIATION
- Adapter le temps de présence de l'enseignant en fonction des besoins repérés.

CRITÈRES DE RÉUSSITE

- **Joue la scène devant un petit groupe.**
- **Est compréhensible par les spectateurs.**

Allo docteur!

étape 1
Au coin docteur

▸ OSER ENTRER EN COMMUNICATION
Utiliser le langage dans des jeux de faire semblant au coin docteur.
Comprendre et acquérir un vocabulaire pertinent concernant les actes du quotidien.
Proposer des solutions pour résoudre un problème.

PETIT GROUPE DE 4 OU 5 ÉLÈVES AU COIN DOCTEUR

Matériel Le matériel du coin docteur: des chemises blanches d'adultes, des chaises pour la salle d'attente, une table, le matériel médical issu de mallettes de docteur achetées au rayon jouets des supermarchés, des boites de pansements, des bandes, du coton, des compresses, des flacons en plastique, un pèse-personne, une toise, des radiographies...
Trois poupées et peluches de la classe. Une poupée a des gommettes collées sur le corps pour signifier la varicelle, un nounours porte un bandage, une poupée n'a rien d'apparent (fièvre).

Jouer au coin docteur

- Lire plusieurs fois l'album *Petit Ours Brun est malade* lors de regroupements. Amener les élèves à échanger sur leur vécu lié à la visite chez le médecin.
- Laisser les élèves découvrir le coin docteur pendant plusieurs séances. Les solliciter pour qu'ils parlent de ce qu'ils font.
- Lire des documentaires et des imagiers portant sur la visite chez le docteur.

Jouer à plusieurs à partir d'un scénario

- Déclencher *le jeu de faire semblant* par la découverte de trois poupées et peluches de la classe assises au coin docteur. Les poupées sont malades: elles ont des boutons ou des bandages ou rien d'apparent. Poser des questions ouvertes: qu'est-ce qui arrive aux poupées? Que faut-il faire?
- Proposer de soigner les poupées malades. Répartir les rôles. Qui veut faire le docteur? La maman ou le papa? Que va faire la maman ou le papa? Téléphoner au docteur, prendre un rendez-vous. Que va faire le docteur?

Jouer de nouveaux scénarios

- Déclencher de nouveaux scénarios suite à la lecture d'albums **(pages 178 et 179)**.

- La poupée est tombée, son poignet est tout enflé. Ses parents décident de l'emmener aux urgences à l'hôpital. Que va faire le docteur? Radio, plâtre, bandage.
- Bébé doit aller se faire vacciner pour ne pas attraper de maladies graves. Que va faire le médecin? Comment réagit le bébé? Que fait sa maman pour le rassurer?
- La poupée a de la fièvre. Elle va chez le docteur. Il prend sa température, examine sa gorge qui est toute rouge, explique à son papa comment la soigner et rédige une ordonnance.
- Nounours n'est pas malade. Il va chez le médecin pour la visite des 3 ans. Le docteur écoute les battements de son cœur et sa respiration avec son stéthoscope, l'examine, le pèse, mesure sa taille.
- Le poupon a mal aux dents. Que doivent faire son papa et sa maman? Il va chez le dentiste pour soigner une carie.
- La poupée est blessée, elle saigne. Que s'est-il passé? Il faut le soigner, de quoi avons-nous besoin?

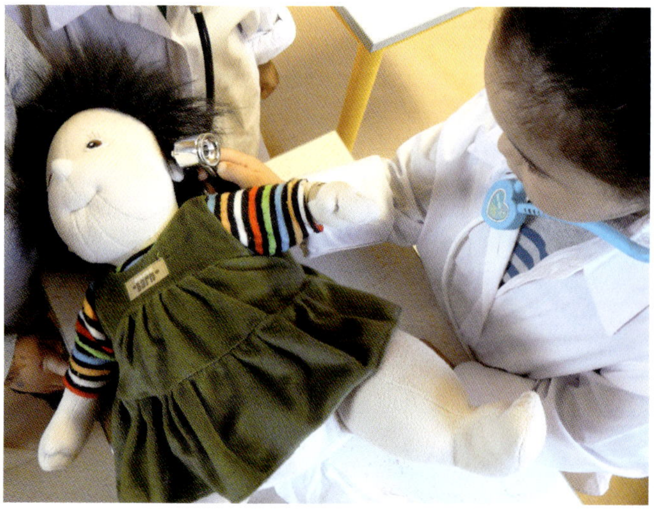

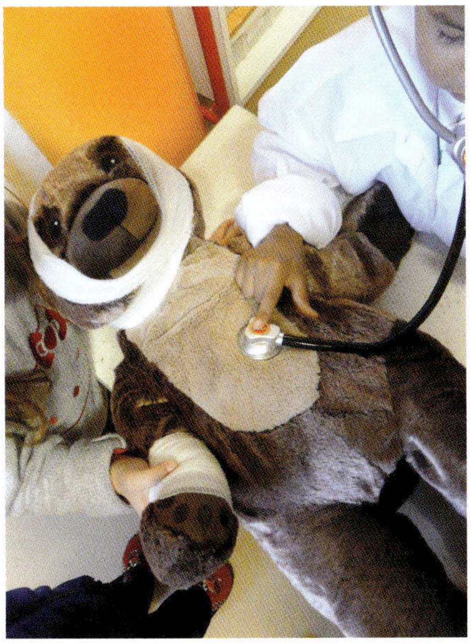

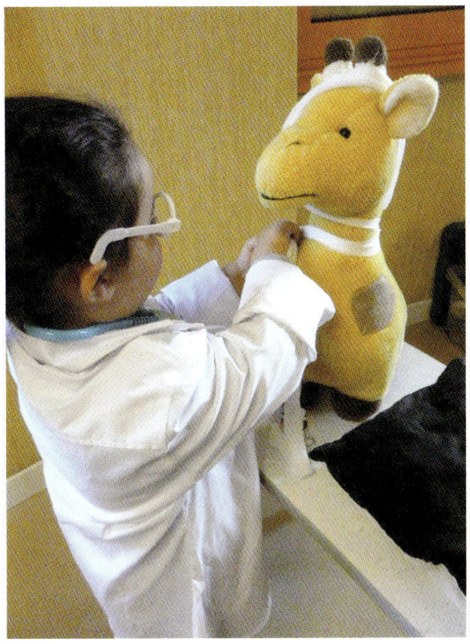

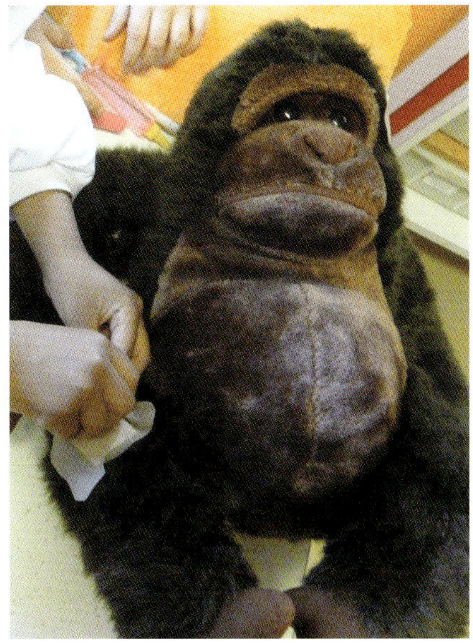

étape 2

Raconter une histoire proche de son vécu

► **ÉCHANGER ET RÉFLÉCHIR AVEC LES AUTRES**
Comprendre des récits simples proches de son vécu.

PETIT GROUPE DE 8 À 10 ÉLÈVES

Matériel Des albums sur le thème de la visite chez le docteur: Petit Ours Brun chez le docteur, Léo et Popi chez le docteur, T'choupi chez le docteur. Les trois diaporamas **(pages 178 et 179 et)**.

Raconter une histoire aux autres

Chaque groupe découvre une histoire différente puis la présente aux autres groupes de la classe.

- Raconter l'histoire à l'aide du diaporama **(pages 178 et 179 et)**. Laisser réagir les élèves et favoriser la mise en place d'un échange collectif portant sur la compréhension de l'histoire.
- Annoncer aux élèves qu'ils vont raconter l'histoire de *Petit Ours Brun chez le docteur* à un autre groupe de la classe en s'aidant des images du diaporama. Leur proposer de s'entrainer à raconter l'histoire avec leurs propres mots.
- Lors d'une séance spécifique, les amener à restituer l'histoire à plusieurs en s'aidant du diaporama.

étape 3

Théâtraliser une histoire proche de son vécu

► **ÉCHANGER ET RÉFLÉCHIR AVEC LES AUTRES**
Imiter un pe rsonnage en situation de restitution d'un dialogue connu et mémorisé.

PETIT GROUPE AU COIN DOCTEUR

Matériel Le matériel du coin docteur.

Jouer un rôle

- Proposer aux élèves de jouer *Petit Ours Brun chez le docteur* au coin docteur en s'aidant des illustrations de l'album qui sont affichées dans cet espace.
- Demander aux élèves de choisir leur rôle. Qui veut faire le docteur? Qui veut faire Petit Ours Brun? Qui veut faire la maman? Au début, l'enseignant joue un rôle pour aider les élèves à s'approprier le scénario.
- Demander aux élèves de réfléchir à la préparation du matériel en s'aidant des illustrations: la salle d'attente (chaises, jeux, magazines), le cabinet du docteur (bureau, table, carnet pour l'ordonnance, stylo, matériel médical, téléphone...).

Petit Ours Brun chez le docteur
Danièle Bour
© Bayard Presse 2006

DIAPORAMA

Petit Ours Brun chez le docteur

Les diaporamas sont utilisés dans le cadre des scènes de langage complémentaires des deux pages précédentes. Chaque groupe découvre une histoire différente puis la présente aux autres élèves de la classe.

OBJECTIFS LANGAGIERS

- Comprendre une histoire proche de son vécu racontée par l'enseignant.
- Reformuler quelques éléments de l'histoire en s'appuyant sur la succession des images.

LEXIQUE ET SYNTAXE MOBILISÉS

Langage en réception

Comprendre l'utilisation du discours direct à plusieurs reprises.

Comprendre le texte lorsque les pronoms *il, elle, je* et *tu* sont employés. Ils ne sont pas éloignés des noms auxquels ils se rapportent, mais l'enseignant en racontant doit bien montrer ce lien lorsqu'il reformule certaines phrases.

Langage en production

Utiliser des phrases simples coordonnées par la conjonction *et.*

Noms : *salle d'attente, cabinet, otite*

Verbes : *aller chez le médecin, dire, demander, se déshabiller*

Prépositions : *chez, dans, sur*

Petit Ours Brun est chez le docteur. Il y a un lapin rigolo dans la salle d'attente !
Petit Ours Brun joue avec le lapin pendant que sa maman lit un magazine. Tout à coup, le docteur ouvre la porte.
Elle dit : « Petit Ours Brun ! C'est à toi ! ».
Petit Ours Brun se sent important. Il entre dans le cabinet avec sa maman.
Petit Ours Brun se déshabille et il va sur la table.
Il n'a pas peur.
Le docteur lui demande : « Qu'est-ce qui t'arrive ? »
Petit Ours Brun dit qu'il a mal aux oreilles.
Le docteur le regarde partout et elle dit : « Tu as une petite otite, Petit Ours Brun ! ».
Petit Ours Brun fait oui de la tête. Il demande :
« Je pourrais encore jouer avec le lapin ? ».
Sa maman paye le docteur qui fait une ordonnance avec les médicaments qu'il faudra acheter chez le pharmacien.

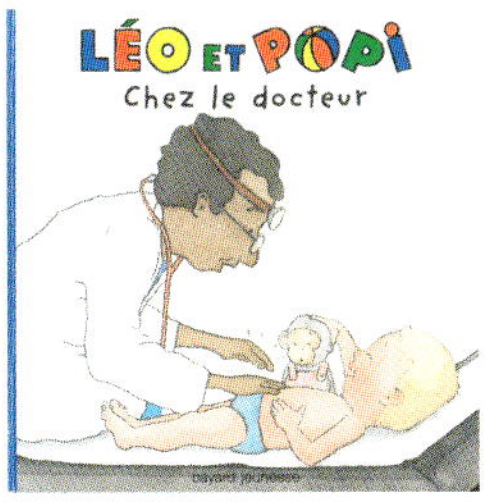

Léo et Popi chez le docteur
Helen Oxenbury
© Bayard Presse 1996

DIAPORAMA

Léo et Popi chez le docteur

OBJECTIFS LANGAGIERS

- Comprendre une histoire proche de son vécu racontée par l'enseignant.
- Reformuler quelques éléments de l'histoire en s'appuyant sur la succession des images.

LEXIQUE ET SYNTAXE MOBILISÉS

Langage en réception

Comprendre l'utilisation du discours direct à plusieurs reprises.

Repérer les onomatopées.

Langage en production

Utiliser des phrases simples juxtaposées ou coordonnées.

Utiliser des phrases complexes avec *comme, tout de suite, pendant ce temps, avant de, que.*

Léo connait bien le docteur, il n'a pas peur. Il s'installe tout de suite sur le drôle de lit, comme Popi.
Le docteur a un long tuyau qu'il promène sur Léo.
Brr... Brr... Ça fait froid sur son dos!
Le docteur fait «poc-poc!» sur le ventre de Léo.
On dirait un tambour. Popi est tout surpris, Léo rit.
Avant de regarder les oreilles de Léo, le docteur regarde celles de Popi: «Ça ne fait pas mal, hein, Popi? Même pas un petit guili-guili».
Popi se tient tout flagada, mais Léo se tient bien droit.
Le docteur dit: «Bravo, Léo, tu as bien grandi!».
Le docteur parle avec maman. Pendant ce temps, Léo saute et ressaute sur la balance. Ça fait «boum!», c'est amusant!
Et voilà, c'est fini! Le docteur dit: «Tu es en bonne santé, Léo, et ton Popi, quel costaud!».

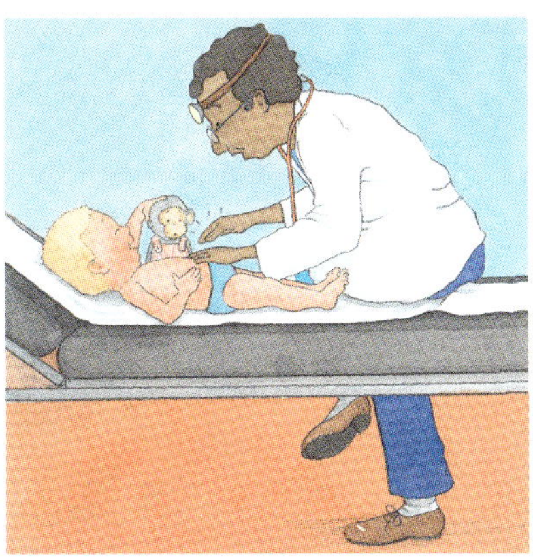

T'choupi chez le docteur
Thierry Courtin
© Nathan jeunesse 2009

DIAPORAMA

T'choupi chez le docteur

OBJECTIFS LANGAGIERS

- Comprendre une histoire proche de son vécu racontée par l'enseignant.
- Reformuler quelques éléments de l'histoire en s'appuyant sur la succession des images.

LEXIQUE ET SYNTAXE MOBILISÉS

Langage en réception

Comprendre le vocabulaire concernant la visite chez le docteur: la salle d'attente, le vaccin, la piqure, le pansement, la compresse, la température, la fièvre, le thermomètre, une otite, le carnet de santé, examiner, peser, mesurer.

T'choupi va chez le docteur avec sa maman pour se faire vacciner. Il est inquiet.
Il s'installe avec les autres enfants dans la salle d'attente.
Avant de faire son vaccin, le docteur vérifie que tout va bien.
Il examine T'choupi puis vient le moment du vaccin.
Le docteur lui fait une piqure puis lui met une compresse et un pansement.
Avant de partir, T'choupi monte sur la balance et se place devant la toise pour savoir s'il a grandi.

Pour recevoir toutes nos informations, inscrivez-vous sur notre site !

www.acces-editions.com

Découvrez

Toutes nos nouveautés en temps réel
Le descriptif détaillé de chaque ouvrage
De nombreux extraits à feuilleter
Des vidéos de présentation
La présentation de nos auteurs

Trouvez

Nos meilleures ventes du mois
Nos interventions dans toute la France
Nos diffuseurs en région et à l'étranger
Nos offres promotionnelles

Suivez-nous sur...